PREFAZIONE

La raccolta di frasari da viaggio "Andrà tutto bene!" pubblicati da T&P Books è destinata a coloro che viaggiano all'estero per turismo e per motivi professionali. I frasari contengono ciò che conta di più - gli elementi essenziali per la comunicazione di base. Questa è un'indispensabile serie di frasi utili per "sopravvivere" durante i soggiorni all'estero.

Questo frasario potrà esservi di aiuto nella maggior parte dei casi in cui dovrete chiedere informazioni, ottenere indicazioni stradali, domandare quanto costa qualcosa, ecc. Risulterà molto utile per risolvere situazioni dove la comunicazione è difficile e i gesti non possono aiutarci.

Questo libro contiene molte frasi che sono state raggruppate a seconda degli argomenti più importanti. Inoltre, una sezione separata del libro include un piccolo dizionario con più di 1.500 termini utili ed importanti.

Durante i vostri viaggi portate con voi il frasario "Andrà tutto bene!" e disporrete di un insostituibile compagno di viaggio che vi aiuterà nei momenti di difficoltà e vi insegnerà a non avere paura di parlare in un'altra lingua straniera.

INDICE

T&P Books Publishing

PRONUNCIA

Alfabeto fonetico T&P	Esempio greco	Esempio italiano
[a]	**αγαπάω** [aɣapáo]	macchia
[e]	**έπαινος** [épenos]	meno, leggere
[i]	**φυσικός** [fisikós]	vittoria
[o]	**οθόνη** [oθóni]	notte
[u]	**βουτάω** [vutáo]	prugno
[b]	**καμπάνα** [kabána]	bianco
[d]	**ντετέκτιβ** [detéktiv]	doccia
[f]	**ράμφος** [rámfos]	ferrovia
[g]	**γκολφ** [golʲf]	guerriero
[ɣ]	**γραβάτα** [ɣraváta]	simile gufo, gatto
[j]	**μπάιτ** [bájt]	New York
[j̯]	**Αίγυπτος** [éj̯iptos]	New York
[k]	**ακόντιο** [akóndio]	cometa
[lʲ]	**αλάτι** [alʲáti]	milione
[m]	**μάγος** [máɣos]	mostra
[n]	**ασανσέρ** [asansér]	notte
[p]	**βλέπω** [vlépo]	pieno
[r]	**ρόμβος** [rómvos]	ritmo, raro
[s]	**σαλάτα** [salʲáta]	sapere
[ð]	**πόδι** [póði]	come [z] ma con la lingua fra i denti
[θ]	**λάθος** [lʲáθos]	Toscana (dialetto toscano)
[t]	**κινητό** [kinitó]	tattica
[ʧ]	**check-in** [ʧek-in]	cinque
[v]	**βραχιόλι** [vraxióli]	volare
[x]	**νύχτα** [níxta]	[h] dolce
[w]	**ουίσκι** [wíski]	week-end
[z]	**κουζίνα** [kuzína]	rosa
[']	**έξι** [éksi]	accento principale

LISTA DELLE ABBREVIAZIONI

Italiano. Abbreviazioni

agg	-	aggettivo
anim.	-	animato
avv	-	avverbio
cong	-	congiunzione
ecc.	-	eccetera
f	-	sostantivo femminile
f pl	-	femminile plurale
fem.	-	femminile
form.	-	formale
inanim.	-	inanimato
inform.	-	familiare
m	-	sostantivo maschile
m pl	-	maschile plurale
m, f	-	maschile, femminile
masc.	-	maschile
mil.	-	militare
pl	-	plurale
pron	-	pronome
qc	-	qualcosa
qn	-	qualcuno
sing.	-	singolare
v aus	-	verbo ausiliare
vi	-	verbo intransitivo
vi, vt	-	verbo intransitivo, transitivo
vr	-	verbo riflessivo
vt	-	verbo transitivo

Greco. Abbreviazioni

αρ.	-	sostantivo maschile
αρ.πλ.	-	maschile plurale
αρ./θηλ.	-	maschile, femminile
θηλ.	-	sostantivo femminile
θηλ.πλ.	-	femminile plurale

La raccolta di frasari da viaggio
"Andrà tutto bene!"

T&P Books Publishing

FRASARIO

GRECO

I TERMINI E LE ESPRESSIONI PIÙ UTILI

Questo frasario contiene espressioni e domande di uso comune che risulteranno utili per intraprendere conversazioni di base con gli stranieri

Andrey Taranov

T&P BOOKS

Frasario + dizionario da 1500 vocaboli

Frasario Italiano-Greco e dizionario ridotto da 1500 vocaboli

Di Andrey Taranov

La raccolta di frasari da viaggio "Andrà tutto bene!" pubblicati da T&P Books è destinata a coloro che viaggiano all'estero per turismo e per motivi professionali. I frasari contengono ciò che conta di più - gli elementi essenziali per la comunicazione di base. Questa è un'indispensabile serie di frasi utili per "sopravvivere" durante i soggiorni all'estero.

Una sezione del libro contiene anche un piccolo dizionario con più di 1.500 vocaboli. Il dizionario include molti termini gastronomici che risulteranno utili per ordinare pietanze al ristorante o per fare acquisti di genere alimentare.

T&P Books Publishing
www.tpbooks.com

ISBN: 978-1-78492-694-6

Questo libro è disponibile anche in formato e-book.
Visitate il sito www.tpbooks.com o le principali librerie online.

ουδ.	-	neutro
ουδ.πλ.	-	plurale neutro
πλ.	-	plurale

FRASARIO GRECO

Questa sezione contiene frasi importanti che potranno rivelarsi utili in varie situazioni di vita quotidiana. Il frasario vi sarà di aiuto per chiedere indicazioni, chiarire il prezzo di qualcosa, comprare dei biglietti e ordinare pietanze in un ristorante

T&P Books Publishing

INDICE DEL FRASARIO

T&P Books Publishing

Il minimo indispensabile

Mi scusi, ...	**Συγνώμη, ...** [siɣnómi, ...]
Buongiorno.	**Γεια σας.** [ʝa sas]
Grazie.	**Ευχαριστώ.** [efxaristó]
Arrivederci.	**Αντίο.** [adío]
Sì.	**Ναι.** [ne]
No.	**Όχι.** [óxi]
Non lo so.	**Δεν ξέρω.** [ðen kséro]
Dove? | Dove? (~ stai andando?) | Quando?	**Πού; | Προς τα πού; | Πότε;** [pú? | pros ta pú? | póte?]
Ho bisogno di ...	**Χρειάζομαι ...** [xriázome ...]
Voglio ...	**Θέλω ...** [θélʲo ...]
Avete ...?	**Έχετε ...;** [éxete ...?]
C'è un /una/ ... qui?	**Μήπως υπάρχει ... εδώ;** [mípos ipárxi ... eðó?]
Posso ...?	**Θα μπορούσα να ...;** [θa borúsa na ...?]
per favore	**..., παρακαλώ** [..., parakalʲó]
Sto cercando ...	**Ψάχνω για ...** [psáxno ʝa ...]
il bagno	**τουαλέτα** [tualéta]
un bancomat	**ATM** [eitiém]
una farmacia	**φαρμακείο** [farmakío]
un ospedale	**νοσοκομείο** [nosokomío]
la stazione di polizia	**αστυνομικό τμήμα** [astinomikó tmíma]
la metro	**μετρό** [metró]

un taxi	**ταξί** [taksí]
la stazione (ferroviaria)	**σιδηροδρομικό σταθμό** [siðiroðromikó staθmó]

Mi chiamo ...	**Ονομάζομαι ...** [onomázome ...]
Come si chiama?	**Πώς ονομάζεστε;** [pós onomázeste?]
Mi può aiutare, per favore?	**Μπορείτε παρακαλώ να με βοηθήσετε;** [boríte parakalʲó na me voiθísete?]
Ho un problema.	**Έχω ένα πρόβλημα.** [éxo éna próvlima]
Mi sento male.	**Δεν αισθάνομαι καλά.** [ðen esθánome kalʲá]
Chiamate l'ambulanza!	**Καλέστε ένα ασθενοφόρο!** [kaléste éna asθenofóro!]
Posso fare una telefonata?	**Θα μπορούσα να κάνω ένα τηλέφωνο;** [θa borúsa na káno éna tiléfono?]

Mi dispiace.	**Συγνώμη.** [siɣnómi]
Prego.	**Παρακαλώ!** [parakalʲó!]

io	**Εγώ, εμένα** [eɣó, eména]
tu	**εσύ** [esí]
lui	**αυτός** [aftós]
lei	**αυτή** [aftí]
loro (m)	**αυτοί** [aftí]
loro (f)	**αυτές** [aftés]
noi	**εμείς** [emís]
voi	**εσείς** [esís]
Lei	**εσείς** [esís]

ENTRATA	**ΕΙΣΟΔΟΣ** [ísoðos]
USCITA	**ΕΞΟΔΟΣ** [éksoðos]

FUORI SERVIZIO	**ΕΚΤΟΣ ΛΕΙΤΟΥΡΓΙΑΣ** [éktos liturjías]
CHIUSO	**ΚΛΕΙΣΤΟ** [klísto]
APERTO	**ΑΝΟΙΚΤΟ** [aníkto]
DONNE	**ΓΥΝΑΙΚΩΝ** [jinekón]
UOMINI	**ΑΝΔΡΩΝ** [ánðron]

Domande

Dove?	**Πού;** [pú?]
Dove? (~ stai andando?)	**Προς τα πού;** [pros ta pú?]
Da dove?	**Από πού;** [apó pú?]
Perchè?	**Γιατί;** [jatí?]
Per quale motivo?	**Για ποιο λόγο;** [ja pio lʲóɣo?]
Quando?	**Πότε;** [póte?]
Per quanto tempo?	**Πόσο χρόνο χρειάζεται;** [póso xróno xriázete?]
A che ora?	**Τι ώρα;** [ti óra?]
Quanto?	**Πόσο κάνει;** [póso káni?]
Avete ...?	**Μήπως έχετε ...;** [mípos éxete ...?]
Dov'e ...?	**Πού είναι ...;** [pú íne ...?]
Che ore sono?	**Τι ώρα είναι;** [ti óra íne?]
Posso fare una telefonata?	**Θα μπορούσα να κάνω ένα τηλέφωνο;** [θa borúsa na káno éna tiléfono?]
Chi è?	**Ποιος είναι;** [pios íne?]
Si può fumare qui?	**Μπορώ να καπνίσω εδώ;** [boró na kapníso eðó?]
Posso ...?	**Θα μπορούσα να ...;** [θa borúsa na ...?]

Necessità

Vorrei ...	**Θα ήθελα ...** [θa íθelʲa ...]
Non voglio ...	**Δεν θέλω ...** [ðen θélʲo ...]
Ho sete.	**Διψάω.** [ðipsáo]
Ho sonno.	**Θέλω να κοιμηθώ.** [θélʲo na kemiθó]
Voglio ...	**Θέλω ...** [θélʲo ...]
lavarmi	**να πλυθώ** [na pliθó]
lavare i denti	**να πλύνω τα δόντια μου** [na plíno ta ðóndia mu]
riposae un po'	**να ξεκουραστώ λίγο** [na ksekurastó líɣo]
cambiare i vestiti	**να αλλάξω ρούχα** [na alʲákso rúxa]
tornare in albergo	**να επιστρέψω στο ξενοδοχείο** [na epistrépso sto ksenoðoxío]
comprare ...	**να αγοράσω ...** [na aɣoráso ...]
andare a ...	**να πάω στο ...** [na páo sto ...]
visitare ...	**να επισκεφτώ ...** [na episkeftó ...]
incontrare ...	**να συναντηθώ με ...** [na sinandiθó me ...]
fare una telefonata	**να τηλεφωνήσω** [na tilefoníso]
Sono stanco.	**Είμαι κουρασμένος /κουρασμένη/.** [íme kurazménos /kurazméni/]
Siamo stanchi.	**Είμαστε κουρασμένοι.** [ímaste kurazméni]
Ho freddo.	**Κρυώνω.** [krióno]
Ho caldo.	**Ζεσταίνομαι.** [zesténome]
Sto bene.	**Είμαι καλά.** [íme kalʲá]

Devo fare una telefonata.	**Πρέπει να κάνω ένα τηλέφωνο.** [prépi na káno éna tiléfono]
Devo andare in bagno.	**Πρέπει να πάω στην τουαλέτα.** [prépi na páo sten tualéta]
Devo andare.	**Πρέπει να φύγω.** [prépi na fíɣo]
Devo andare adesso.	**Πρέπει να φύγω τώρα.** [prépi na fíɣo tóra]

Come chiedere indicazioni

Mi scusi, ...	**Συγνώμη, ...** [siɣnómi, ...]
Dove si trova ...?	**Πού είναι ...;** [pú íne ...?]
Da che parte è ...?	**Από ποιο δρόμο είναι ...;** [apó pio ðrómo íne ...?]
Mi può aiutare, per favore?	**Θα μπορούσατε να με βοηθήσετε παρακαλώ;** [θa borúsate na me voiθísete parakalʲó?]
Sto cercando ...	**Ψάχνω για ...** [psáxno ʝa ...]
Sto cercando l'uscita.	**Ψάχνω για την έξοδο.** [psáxno ʝa tin éksoðo]
Sto andando a ...	**Πηγαίνω στ ...** [piʝéno st ...]
Sto andando nella direzione giusta per ...?	**Πηγαίνω σωστά από εδώ για ...;** [piʝéno sostá apó eðó ʝa ...?]
E' lontano?	**Είναι μακριά από εδώ;** [íne makriá apó eðó?]
Posso andarci a piedi?	**Μπορώ να πάω εκεί με τα πόδια;** [boró na páo ekí me ta póðia?]
Può mostrarmi sulla piantina?	**Μπορείτε να μου δείξετε στο χάρτη;** [boríte na mu ðíksete sto xárti?]
Può mostrarmi dove ci troviamo adesso.	**Δείξετε μου που βρισκόμαστε αυτή τη στιγμή.** [ðíksete mu pu vriskómaste aftí ti stiɣmí]
Qui	**Εδώ** [eðó]
Là	**Εκεί** [ekí]
Da questa parte	**Από εδώ** [apó eðó]
Giri a destra.	**Στρίψτε δεξιά.** [strípste ðeksiá]
Giri a sinistra.	**Στρίψτε αριστερά.** [strípste aristerá]
La prima (la seconda, la terza) strada	**πρώτος (δεύτερος, τρίτος) δρόμος** [prótos (ðéfteros, trítos) ðrómos]

a destra	**δεξιά** [ðeksiá]
a sinistra	**αριστερά** [aristerá]
Vada sempre dritto.	**Πηγαίνετε όλο ευθεία.** [pʝénete ólʲo efθía]

Segnaletica

BENVENUTO!	**ΚΑΛΩΣ ΗΡΘΑΤΕ!** [kalʲós írθate!]
ENTRATA	**ΕΙΣΟΔΟΣ** [ísoðos]
USCITA	**ΕΞΟΔΟΣ** [éksoðos]
SPINGERE	**ΩΘΗΣΑΤΕ** [oθísate]
TIRARE	**ΕΛΞΑΤΕ** [élʲksate]
APERTO	**ΑΝΟΙΚΤΟ** [aníkto]
CHIUSO	**ΚΛΕΙΣΤΟ** [klísto]
DONNE	**ΓΥΝΑΙΚΩΝ** [ʝinekón]
UOMINI	**ΑΝΔΡΩΝ** [ánðron]
BAGNO UOMINI	**ΚΥΡΙΟΙ** [kíri]
BAGNO DONNE	**ΚΥΡΙΕΣ** [kíries]
SALDI | SCONTI	**ΕΚΠΤΩΣΕΙΣ** [ekptósis]
IN SALDO	**ΞΕΠΟΥΛΗΜΑ** [ksepúlima]
GRATIS	**ΔΩΡΕΑΝ** [ðoreán]
NOVITA!	**ΝΕΟ!** [néo!]
ATTENZIONE!	**ΠΡΟΣΟΧΗ!** [prosoxí!]
COMPLETO	**ΔΕΝ ΥΠΑΡΧΟΥΝ ΚΕΝΑ ΔΩΜΑΤΙΑ** [ðen ipárxun kená ðomátia]
RISERVATO	**ΡΕΖΕΡΒΕ** [rezervé]
AMMINISTRAZIONE	**ΔΙΕΥΘΥΝΤΗΣ** [ðiéfθindis]
RISERVATO AL PERSONALE	**ΜΟΝΟ ΓΙΑ ΤΟ ΠΡΟΣΩΠΙΚΟ** [móno ʝa to prosópiko]

ATTENTI AL CANE!	**ΠΡΟΣΟΧΗ ΣΚΥΛΟΣ** [prosoxí skíl^los]
VIETATO FUMARE	**ΑΠΑΓΟΡΕΥΕΤΑΙ ΤΟ ΚΑΠΝΙΣΜΑ** [apaɣorévete to kápnizma]
NON TOCCARE	**ΜΗΝ ΑΓΓΙΖΕΤΕ!** [min angízete!]
PERICOLOSO	**ΕΠΙΚΙΝΔΥΝΟ** [epikínðino]
PERICOLO	**ΚΙΝΔΥΝΟΣ** [kínðinos]
ALTA TENSIONE	**ΥΨΗΛΗ ΤΑΣΗ** [ípseli tási]
DIVIETO DI BALNEAZIONE	**ΑΠΑΓΟΡΕΥΕΤΑΙ ΤΟ ΚΟΛΥΜΠΙ** [apaɣorévete to kolíbi]

FUORI SERVIZIO	**ΕΚΤΟΣ ΛΕΙΤΟΥΡΓΙΑΣ** [éktos liturʝías]
INFIAMMABILE	**ΕΥΦΛΕΚΤΟ** [éflekto]
VIETATO	**ΑΠΑΓΟΡΕΥΕΤΑΙ** [apaɣorévete]
VIETATO L'ACCESSO	**ΑΠΑΓΟΡΕΥΕΤΑΙ Η ΕΙΣΟΔΟΣ** [apaɣorévete i ísoðos]
PITTURA FRESCA	**ΦΡΕΣΚΟΒΑΜΜΕΝΟ** [frésko vaméno]

CHIUSO PER RESTAURO	**ΚΛΕΙΣΤΟ ΛΟΓΩ ΕΡΓΑΣΙΩΝ** [klísto lʲóɣo erɣásion]
LAVORI IN CORSO	**ΕΡΓΑ ΕΝ ΟΨΕΙ** [érɣa en ópsi]
DEVIAZIONE	**ΠΑΡΑΚΑΜΨΗ** [parákampsi]

Mezzi di trasporto - Frasi generiche

aereo	**αεροπλάνο** [aeroplʲáno]
treno	**τρένο** [tréno]
autobus	**λεωφορείο** [leoforío]
traghetto	**φέρι μποτ** [féri bot]
taxi	**ταξί** [taksí]
macchina	**αυτοκίνητο** [aftokínito]
orario	**δρομολόγιο** [ðromolʲójo]
Dove posso vedere l'orario?	**Πού μπορώ να δω το δρομολόγιο;** [pú boró na ðo to ðromolʲójo?]
giorni feriali	**εργάσιμες ημέρες** [erɣásimes iméres]
giorni di festa (domenica)	**Σαββατοκύριακα** [savatokíriaka]
giorni festivi	**διακοπές** [ðiakopés]
PARTENZA	**ΑΝΑΧΩΡΗΣΗ** [anaxórisi]
ARRIVO	**ΑΦΙΞΗ** [áfiksi]
IN RITARDO	**ΚΑΘΥΣΤΕΡΗΣΗ** [kaθistérisi]
CANCELLATO	**ΑΚΥΡΩΣΗ** [akírosi]
il prossimo (treno, ecc.)	**επόμενο** [epómeno]
il primo	**πρώτο** [próto]
l'ultimo	**τελευταίο** [teleftéo]
Quando è il prossimo ...?	**Πότε είναι το επόμενο ...;** [póte íne to epómeno ...?]
Quando è il primo ...?	**Πότε είναι το πρώτο ...;** [póte íne to próto ...?]

Quando è l'ultimo ...?	**Πότε είναι το τελευταίο ...;** [póte íne to teleftéo ...?]
scalo	**ανταπόκριση** [andapókrisi]
effettuare uno scalo	**αλλάζω** [alʲázo]
Devo cambiare?	**χρειάζεται να αλλάζω;** [xriázete na alʲázo?]

Acquistando un biglietto

Dove posso comprare i biglietti?	**Πού μπορώ να αγοράσω εισιτήριο;** [pú boró na ɣoráso isitírio?]
biglietto	**εισιτήριο** [isitírio]
comprare un biglietto	**αγοράζω εισιτήριο** [aɣorázo isitírio]
il prezzo del biglietto	**τιμή εισιτηρίου** [timí isitiríu]
Dove?	**Για πού;** [ja pú?]
In quale stazione?	**Σε ποια στάση;** [se pia stási?]
Avrei bisogno di ...	**Χρειάζομαι ...** [xriázome ...]
un biglietto	**ένα εισιτήριο** [éna isitírio]
due biglietti	**δύο εισιτήρια** [ðío isitíria]
tre biglietti	**τρία εισιτήρια** [tría isitíria]
solo andata	**απλή μετάβαση** [aplí metávasi]
andata e ritorno	**μετ' επιστροφής** [met epistrofís]
prima classe	**πρώτη θέση** [próti θési]
seconda classe	**δεύτερη θέση** [ðéfteri θési]
oggi	**σήμερα** [símera]
domani	**αύριο** [ávrio]
dopodomani	**μεθαύριο** [meθávrio]
la mattina	**το πρωί** [to proí]
nel pomeriggio	**το απόγευμα** [to apójevma]
la sera	**το βράδυ** [to vráði]

posto lato corridoio	**θέση δίπλα στον διάδρομο** [θési ðíplʲa ston ðiáðromo]
posto lato finestrino	**θέση δίπλα στο παράθυρο** [θési ðíplʲa sto paráθiro]
Quanto?	**Πόσο κάνει;** [póso káni?]
Posso pagare con la carta di credito?	**Μπορώ να πληρώσω με πιστωτική κάρτα;** [boró na pliróso me pistotikí kárta?]

Autobus

autobus	**λεωφορείο** [leoforío]
autobus interurbano	**υπεραστικό λεωφορείο** [iperastikó leoforío]
fermata dell'autobus	**στάση λεωφορείου** [stási leoforíu]
Dov'è la fermata dell'autobus più vicina?	**Πού είναι η πιο κοντινή στάση λεωφορείου;** [pú íne i pio kondiní stási leoforíu?]
numero	**αριθμός** [ariθmós]
Quale autobus devo prendere per andare a ...?	**Ποιο λεωφορείο πρέπει να πάρω για να πάω ...;** [pio leoforío prépi na páro ja na páo ...?]
Questo autobus va a ...?	**Πάει αυτό το λεωφορείο στ ...;** [pái aftó to leoforío st ...?]
Qual'è la frequenza delle corse degli autobus?	**Κάθε πότε έχει λεωφορείο;** [káθe póte éxi leoforío?]
ogni 15 minuti	**κάθε 15 λεπτά** [káθe ðekapénde leptá]
ogni mezzora	**κάθε μισή ώρα** [káθe misí óra]
ogni ora	**κάθε μία ώρα** [káθe mía óra]
più a volte al giorno	**αρκετές φορές την μέρα** [arketés forés tin méra]
... volte al giorno	**... φορές την μέρα** [... forés tin méra]
orario	**δρομολόγιο** [ðromolʲójo]
Dove posso vedere l'orario?	**Πού μπορώ να δω το δρομολόγιο;** [pú boró na ðo to ðromolʲójo?]
Quando passa il prossimo autobus?	**Πότε είναι το επόμενο λεωφορείο;** [póte íne to epómeno leoforío?]
A che ora è il primo autobus?	**Πότε είναι το πρώτο λεωφορείο;** [póte íne to próto leoforío?]
A che ora è l'ultimo autobus?	**Πότε είναι το τελευταίο λεωφορείο;** [póte íne to teleftéo leoforío?]

fermata	**στάση** [stási]
prossima fermata	**η επόμενη στάση** [i epómeni stási]
ultima fermata	**η τελευταία στάση** [i teleftéa stási]
Può fermarsi qui, per favore.	**Σταματήστε εδώ, παρακαλώ.** [stamatíste eðó, parakaljó]
Mi scusi, questa è la mia fermata.	**Συγνώμη, εδώ κατεβαίνω.** [siɣnómi, eðó katevéno]

Treno

treno	**τρένο** [tréno]
treno locale	**ηλεκτροκίνητο τρένο** [ilektrokínito tréno]
treno a lunga percorrenza	**τρένο για διαδρομές μεγάλων αποστάσεων** [tréno ʝa ðiaðromés meɣálʲon apostáseon]
stazione (~ ferroviaria)	**σταθμός τρένου** [staθmós trénu]
Mi scusi, dov'è l'uscita per il binario?	**Συγνώμη, που είναι η έξοδος για την πλατφόρμα επιβίβασης;** [siɣnómi, pu íne i éksoðos ʝa tin plʲatfórma epivívasis?]
Questo treno va a ...?	**Πηγαίνει αυτό το τρένο στ ...;** [piʝéni aftó to tréno st ...?]
il prossimo treno	**επόμενο τρένο** [epómeno tréno]
Quando è il prossimo treno?	**Πότε είναι το επόμενο τρένο;** [póte íne to epómeno tréno?]
Dove posso vedere l'orario?	**Πού μπορώ να δω το δρομολόγιο;** [pú boró na ðo to ðromolʲóʝo?]
Da quale binario?	**Από ποια πλατφόρμα;** [apó pia plʲatfórma?]
Quando il treno arriva a ... ?	**Πότε φθάνει το τραίνο στο ...;** [póte fθáni to tréno sto ...?]
Mi può aiutare, per favore.	**Παρακαλώ βοηθήστε με.** [parakalʲó voiθíste me]
Sto cercando il mio posto.	**Ψάχνω τη θέση μου.** [psáxno ti θési mu]
Stiamo cercando i nostri posti.	**Ψάχνουμε τις θέσεις μας.** [psáxnume tis θésis mas]
Il mio posto è occupato.	**Η θέση μου είναι πιασμένη.** [i θési mu íne piazméni]
I nostri posti sono occupati.	**Οι θέσεις μας είναι πιασμένες.** [i θésis mas íne piazménes]
Mi scusi, ma questo è il mio posto.	**Συγνώμη αλλά αυτή είναι η θέση μου.** [siɣnómi alʲá aftí íne i θési mu]

E' occupato?	**Είναι αυτή η θέση πιασμένη;** [íne afté i θési piazméni?]
Posso sedermi qui?	**Θα μπορούσα να κάτσω εδώ;** [θa borúsa na kátso eðó?]

Sul treno - Dialogo (Senza il biglietto)

Biglietto per favore.	**Το εισιτήριό σας, παρακαλώ.** [to isitírió sas, parakalʲó]
Non ho il biglietto.	**Δεν έχω εισιτήριο.** [ðen éxo isitírio]
Ho perso il biglietto.	**Έχασα το εισιτήριο μου.** [éxasa to isitírio mu]
Ho dimenticato il biglietto a casa.	**Ξέχασα το εισιτήριό μου στο σπίτι.** [ksexasa to isitírió mu sto spíti]
Può acquistare il biglietto da me.	**Μπορώ εγώ να σας εκδώσω εισιτήριο.** [boró eɣó na sas ekðóso isitírio]
Deve anche pagare una multa.	**Πρέπει να πληρώσετε και πρόστιμο.** [prépi na plirósete ke próstimo]
Va bene.	**Εντάξει.** [endáksi]
Dove va?	**Πού πάτε;** [pú páte?]
Vado a ...	**Πηγαίνω στ ...** [pijéno st ...]
Quanto? Non capisco.	**Πόσο κάνει; Δεν καταλαβαίνω.** [póso káni? ðen katalʲavéno]
Può scriverlo per favore.	**Γράψτε το παρακαλώ.** [ɣrápste to parakalʲó]
D'accordo. Posso pagare con la carta di credito?	**Εντάξει. Μπορώ να πληρώσω με πιστωτική κάρτα;** [endáksi. boró na pliróso me pistotikí kárta?]
Si.	**Ναι μπορείτε.** [ne boríte]
Ecco la sua ricevuta.	**Ορίστε η απόδειξή σας.** [oríste i apóðiksí sas]
Mi dispiace per la multa.	**Συγνώμη για το πρόστιμο.** [siɣnómi ja to próstimo]
Va bene così. È stata colpa mia.	**Είναι εντάξει. Ήταν δικό μου λάθος.** [íne endáksi. ítan ðikó mu lʲáθos]
Buon viaggio.	**Καλό ταξίδι.** [kalʲó taksíði]

Taxi

taxi	**ταξί** [taksí]
tassista	**οδηγός ταξί** [oðiɣós taksí]
prendere un taxi	**να πάρω ένα ταξί** [na páro éna taksí]
posteggio taxi	**πιάτσα ταξί** [piátsa taksí]
Dove posso prendere un taxi?	**Πού μπορώ να βρω ένα ταξί;** [pú boró na vro éna taksí?]
chiamare un taxi	**καλώ ένα ταξί** [kalʲó éna taksí]
Ho bisogno di un taxi.	**χρειάζομαι ένα ταξί.** [xriázome éna taksí]
Adesso.	**Τώρα.** [tóra]
Qual'è il suo indirizzo?	**Ποια είναι η διεύθυνσή σας;** [pia íne i ðiéfθinsí sas?]
Il mio indirizzo è ...	**Η διεύθυνσή μου είναι ...** [i ðiéfθinsi mu íne ...]
La sua destinazione?	**Πού πηγαίνετε;** [pú pijénete?]
Mi scusi, ...	**Συγνώμη, ...** [siɣnómi, ...]
E' libero?	**Είστε ελεύθερος;** [íste eléfθeros?]
Quanto costa andare a ...?	**Πόσο κοστίζει να πάω μέχρι ...;** [póso kostízi na páo méxri ...?]
Sapete dove si trova?	**Ξέρετε που είναι;** [ksérete pu íne?]
All'aeroporto, per favore.	**Στο αεροδρόμιο, παρακαλώ.** [sto aeroðrómio, parakalʲó]
Si fermi qui, per favore.	**Σταματήστε εδώ, παρακαλώ.** [stamatíste eðó, parakalʲó]
Non è qui.	**Δεν είναι εδώ.** [ðen íne eðó]
È l'indirizzo sbagliato.	**Αυτή είναι λάθος διεύθυνση.** [aftí íne lʲáθos ðiéfθinsi]
Giri a sinistra.	**Στρίψτε αριστερά.** [strípste aristerá]
Giri a destra.	**Στρίψτε δεξιά.** [strípste ðeksiá]

Quanto le devo?	**Τι σας οφείλω;** [ti sas ofílʲo?]
Potrei avere una ricevuta, per favore.	**Θα ήθελα παρακαλώ μία απόδειξη.** [θa íθelʲa parakalʲó mía apóðiksi]
Tenga il resto.	**Κρατήστε τα ρέστα.** [kratíste ta résta]

Può aspettarmi, per favore?	**Μπορείτε παρακαλώ να με περιμένετε;** [boríte parakalʲó na me periménete?]
cinque minuti	**πέντε λεπτά** [pénde leptá]
dieci minuti	**δέκα λεπτά** [ðéka leptá]
quindici minuti	**δεκαπέντε λεπτά** [ðekapénde leptá]
venti minuti	**είκοσι λεπτά** [íkosi leptá]
mezzora	**μισή ώρα** [misí óra]

Hotel

Salve.	**Γεια σας.** [ja sas]
Mi chiamo ...	**Ονομάζομαι ...** [onomázome ...]
Ho prenotato una camera.	**Έχω κάνει μια κράτηση.** [éxo káni mia krátisi]
Ho bisogno di ...	**Χρειάζομαι ...** [xriázome ...]
una camera singola	**ένα μονόκλινο δωμάτιο** [éna monóklino ðomátio]
una camera doppia	**ένα δίκλινο δωμάτιο** [éna ðíklino ðomátio]
Quanto costa questo?	**Πόσο κοστίζει;** [póso kostízi?]
È un po' caro.	**Είναι λίγο ακριβό.** [íne líɣo akrivó]
Avete qualcos'altro?	**Έχετε κάτι άλλο διαθέσιμο;** [éxete káti álʲo ðiaθésimo?]
La prendo.	**Θα το κλείσω.** [θa to klíso]
Pago in contanti.	**Θα πληρώσω μετρητά.** [θa pliróso metritá]
Ho un problema.	**Έχω ένα πρόβλημα.** [éxo éna próvlima]
Il mio ... è rotto.	**Το ... μου είναι σπασμένο.** [to ... mu íne spazméno]
Il mio ... è fuori servizio.	**Το ... μου δεν λειτουργεί.** [to ... mu ðen liturjí]
televisore	**τηλεόραση** [tileórasi]
condizionatore	**κλιματισμός** [klimatizmós]
rubinetto	**βρύση** [vrísi]
doccia	**ντους** [dus]
lavandino	**νιπτήρας** [niptíras]
cassaforte	**χρηματοκιβώτιο** [xrimatokivótio]

serratura	**κλειδαριά** [kliðariá]
presa elettrica	**πρίζα** [príza]
asciugacapelli	**σεσουάρ μαλλιών** [sesuár malión]

Non ho ...	**Δεν έχω καθόλου ...** [ðen éxo kaθólʲu ...]
l'acqua	**νερό** [neró]
la luce	**φως** [fos]
l'elettricità	**ηλεκτρικό ρεύμα** [ilektrikó révma]

Può darmi ...?	**Μπορείτε να μου δώσετε ...;** [boríte na mu ðósete ...?]
un asciugamano	**μια πετσέτα** [mia petséta]
una coperta	**μια κουβέρτα** [mia kuvérta]
delle pantofole	**παντόφλες** [pandófles]
un accappatoio	**μία ρόμπα** [mía róba]
dello shampoo	**σαμπουάν** [sambuán]
del sapone	**σαπούνι** [sapúni]

Vorrei cambiare la camera.	**Θα ήθελα να αλλάξω δωμάτιο.** [θa íθelʲa na alʲákso ðomátio]
Non trovo la chiave.	**Δεν βρίσκω το κλειδί μου.** [ðen vrísko to kliðí mu]
Potrebbe aprire la mia camera, per favore?	**Θα μπορούσατε παρακαλώ να ανοίξετε το δωμάτιό μου;** [θa borúsate parakalʲó na aníksete to ðomátió mu?]
Chi è?	**Ποιος είναι;** [pios íne?]
Avanti!	**Περάστε!** [peráste!]
Un attimo!	**Μια στιγμή!** [mia stiɣmí!]

Non adesso, per favore.	**Όχι τώρα, παρακαλώ.** [óxi tóra, parakalʲó]
Può venire nella mia camera, per favore.	**Παρακαλώ, μπείτε στο δωμάτιό μου.** [parakalʲó, bíte sto ðomátió mu]

Vorrei ordinare qualcosa da mangiare.	**Θα ήθελα να παραγγείλω φαγητό στο δωμάτιο.** [θa íθelʲa na parangílʲo fajitó sto ðomátio]
Il mio numero di camera è ...	**Ο αριθμός δωματίου μου είναι ...** [o ariθmós ðomatíu mu íne ...]
Parto ...	**Φεύγω ...** [févɣo ...]
Partiamo ...	**Φεύγουμε ...** [févɣume ...]
adesso	**τώρα** [tóra]
questo pomeriggio	**σήμερα το απόγευμα** [símera to apójevma]
stasera	**απόψε** [apópse]
domani	**αύριο** [ávrio]
domani mattina	**αύριο το πρωί** [ávrio to proí]
domani sera	**αύριο βράδυ** [ávrio vráði]
dopodomani	**μεθαύριο** [meθávrio]

Vorrei pagare.	**Θα ήθελα να πληρώσω.** [θa íθelʲa na pliróso]
È stato tutto magnifico.	**Όλα ήταν υπέροχα.** [ólʲa ítan ipéroxa]
Dove posso prendere un taxi?	**Πού μπορώ να πάρω ένα ταξί;** [pú boró na páro éna taksí?]
Potrebbe chiamarmi un taxi, per favore?	**Μπορείτε παρακαλώ να καλέσετε ένα ταξί για μένα;** [boríte parakalʲó na kalésete éna taksí ja ména?]

Al Ristorante

Posso vedere il menù, per favore?	**Μπορώ να έχω έναν κατάλογο παρακαλώ;** [boró na éxo énan katálʲoɣo parakalʲó?]
Un tavolo per una persona.	**Τραπέζι για ένα άτομο.** [trapézi ja éna átomo]
Siamo in due (tre, quattro).	**Είμαστε δύο (τρία, τέσσερα) άτομα.** [ímaste ðío (tría, tésera) átoma]
Fumatori	**Επιτρέπεται Κάπνισμα** [epitrépete kápnizma]
Non fumatori	**Απαγορεύεται το κάπνισμα** [apaɣorévete to kápnizma]
Mi scusi!	**Συγνώμη!** [siɣnómi!]
il menù	**κατάλογος φαγητού** [katálʲoɣos fajitú]
la lista dei vini	**κατάλογος κρασιών** [katálʲoɣos krasión]
Posso avere il menù, per favore.	**Τον κατάλογο, παρακαλώ.** [ton katálʲoɣo, parakalʲó]
È pronto per ordinare?	**Είστε έτοιμος να παραγγείλετε;** [íste étimos na parangílete?]
Cosa gradisce?	**Τι θα πάρετε;** [ti θa párete?]
Prendo ...	**Θα πάρω ...** [θa páro ...]
Sono vegetariano.	**Είμαι χορτοφάγος.** [íme xortofáɣos]
carne	**κρέας** [kréas]
pesce	**ψάρι** [psári]
verdure	**λαχανικά** [lʲaxaniká]
Avete dei piatti vegetariani?	**Έχετε πιάτα για χορτοφάγους;** [éxete piáta ja xortofágus?]
Non mangio carne di maiale.	**Δεν τρώω χοιρινό.** [ðen tróo xirinó]
Lui /lei/ non mangia la carne.	**Αυτός /αυτή/ δεν τρώει κρέας.** [aftós /aftí/ ðen trói kréas]

Sono allergico a ...	**Είμαι αλλεργικός στο ...** [íme alerjikós sto ...]
Potrebbe portarmi ...	**Μπορείτε παρακαλώ να μου φέρετε ...** [boríte parakalʲó na mu férete ...]
del sale | del pepe | dello zucchero	**αλάτι | πιπέρι | ζάχαρη** [alʲáti | pipéri | záxari]
un caffè | un tè | un dolce	**καφέ | τσάι | επιδόρπιο** [kafé | tsái | epiðórpio]
dell'acqua | frizzante | naturale	**νερό | ανθρακούχο | φυσικό μεταλλικό** [neró | anθrakúxo | fisikó metalikó]
un cucchiaio | una forchetta | un coltello	**ένα κουτάλι | πιρούνι | μαχαίρι** [éna kutáli | pirúni | maxéri]
un piatto | un tovagliolo	**ένα πιάτο | πετσέτα** [éna piáto | petséta]

Buon appetito!	**Καλή όρεξη!** [kalí óreksi!]
Un altro, per favore.	**Ένα ακόμα, παρακαλώ.** [éna akóma, parakalʲó]
È stato squisito.	**Ήταν πολύ νόστιμο.** [ítan polí nóstimo]

---

il conto | il resto | la mancia	**λογαριασμός | ρέστα | πουρμπουάρ** [lʲoɣariazmóς | résta | purbuár]
Il conto, per favore.	**Τον λογαριασμό, παρακαλώ.** [ton lʲoɣariazmó, parakalʲó]
Posso pagare con la carta di credito?	**Μπορώ να πληρώσω με πιστωτική κάρτα;** [boró na pliróso me pistotikí kárta?]
Mi scusi, c'è un errore.	**Συγνώμη, εδώ υπάρχει ένα λάθος.** [siɣnómi, eðó ipárxi éna lʲáθos]

Shopping

Posso aiutarla?	**Τι θα θέλατε παρακαλώ;** [ti θa θélʲate parakalʲó?]
Avete …?	**Έχετε …;** [éxete …?]
Sto cercando …	**Ψάχνω για …** [psáxno ja …]
Ho bisogno di …	**Χρειάζομαι …** [xriázome …]
Sto guardando.	**Ρίχνω απλώς μία ματιά.** [ríxno aplʲós mía matiá]
Stiamo guardando.	**Ρίχνουμε απλώς μία ματιά.** [ríxnume aplʲós mía matiá]
Ripasserò più tardi.	**Θα ξαναέρθω αργότερα.** [θa ksanaérθo arɣótera]
Ripasseremo più tardi.	**Θα ξαναέρθουμε αργότερα.** [θa ksanaérθume arɣótera]
sconti | saldi	**εκπτώσεις | πώληση με προσφορά** [ekptósis | pólisi me prosforá]
Per favore, mi può far vedere …?	**Μπορείτε παρακαλώ να μου δείξετε …** [boríte parakalʲó na mu ðíksete …]
Per favore, potrebbe darmi …	**Μπορείτε παρακαλώ να μου δώσετε …** [boríte parakalʲó na mu ðósete …]
Posso provarlo?	**Μπορώ να το δοκιμάσω;** [boró na to ðokimáso?]
Mi scusi, dov'è il camerino?	**Συγνώμη, που είναι το δοκιμαστήριο;** [siɣnómi, pu íne to ðokimastírio?]
Che colore desidera?	**Ποιο χρώμα θα θέλατε;** [pio xróma θa θélʲate?]
taglia | lunghezza	**μέγεθος | νούμερο** [méjeθos | númeroj]
Come le sta?	**Μου πάει;** [mu pái?]
Quanto costa questo?	**Πόσο κάνει;** [póso káni?]
È troppo caro.	**Είναι πολύ ακριβό.** [íne polí akrivó]

Lo prendo.	**Θα το πάρω.** [θa to páro]
Mi scusi, dov'è la cassa?	**Συγνώμη, που μπορώ να πληρώσω;** [siɣnómi, pu boró na pliróso?]
Paga in contanti o con carta di credito?	**Θα πληρώσετε με μετρητά ή με πιστωτική κάρτα;** [θa plirósete me metritá í me pistotikí kárta?]
In contanti | con carta di credito	**Τοις μετρητοίς | με πιστωτική κάρτα** [tis metritoís | me pistotikí kárta]

Vuole lo scontrino?	**Θέλετε απόδειξη;** [θélete apóðiksi?]
Si, grazie.	**Ναι παρακαλώ.** [ne parakalʲó]
No, va bene così.	**Όχι, είναι εντάξει.** [óxi, íne endáksi]
Grazie. Buona giornata!	**Ευχαριστώ. Καλή σας μέρα!** [efxaristó. kalí sas méra!]

In città

Mi scusi, per favore ...	**Με συγχωρείτε, ...** [me sinxoríte, ...]
Sto cercando ...	**Ψάχνω για ...** [psáxno ja ...]
la metropolitana	**μετρό** [metró]
il mio albergo	**το ξενοδοχείο μου** [to ksenoðoxío mu]
il cinema	**σινεμά** [sinemá]
il posteggio taxi	**πιάτσα ταξί** [piátsa taksí]

un bancomat	**ATM** [eitiém]
un ufficio dei cambi	**ανταλλακτήριο συναλλάγματος** [adalʲaktírio sinalʲáɣmatos]
un internet café	**ίντερνετ καφέ** [ínternet kafé]
via ...	**την οδό ...** [tin oðó ...]
questo posto	**αυτό το μέρος** [aftó to méros]

Sa dove si trova ...?	**Ξέρετε πού είναι ...;** [ksérete pú íne ...?]
Come si chiama questa via?	**Ποια οδός είναι αυτή;** [pia oðós íne aftí?]
Può mostrarmi dove ci troviamo?	**Δείξετε μου που βρισκόμαστε αυτή τη στιγμή.** [ðíksete mu pu vriskómaste aftí ti stiɣmí]
Posso andarci a piedi?	**Μπορώ να πάω εκεί με τα πόδια;** [boró na páo ekí me ta póðia?]
Avete la piantina della città?	**Μήπως έχετε χάρτη της πόλης;** [mípos éxete xárti tis pólis?]

Quanto costa un biglietto?	**Πόσο κάνει το εισιτήριο για να μπείς μέσα;** [póso káni to isitírio ja na béis mésa?]
Si può fotografare?	**Μπορώ να βγάλω φωτογραφίες εδώ;** [boró na vɣálʲo fotografíes eðó?]

E' aperto?

Είστε ανοικτά;
[íste aniktá?]

Quando aprite?

Πότε ανοίγετε;
[póte aníjete?]

Quando chiudete?

Πότε κλείνετε;
[póte klínete?]

Soldi

Soldi	**χρήματα** [xrímata]
contanti	**μετρητά** [metritá]
banconote	**χαρτονομίσματα** [xartonomízmata]
monete	**ρέστα** [résta]
conto | resto | mancia	**λογαριασμός | ρέστα | πουρμπουάρ** [lʲoɣariazmós | résta | purbuár]
carta di credito	**πιστωτική κάρτα** [pistotikí kárta]
portafoglio	**πορτοφόλι** [portofóli]
comprare	**αγοράζω** [aɣorázo]
pagare	**πληρώνω** [pliróno]
multa	**πρόστιμο** [próstimo]
gratuito	**δωρεάν** [ðoreán]
Dove posso comprare ...?	**Πού μπορώ να αγοράσω ...;** [pú boró na aɣoráso ...?]
La banca è aperta adesso?	**Είναι τώρα η τράπεζα ανοιχτή;** [íne tóra i trápeza anixtí?]
Quando apre?	**Πότε ανοίγει;** [póte aníji?]
Quando chiude?	**Πότε κλείνει;** [póte klíni?]
Quanto costa?	**Πόσο κάνει;** [póso káni?]
Quanto costa questo?	**Πόσο κάνει αυτό;** [póso káni aftó?]
È troppo caro.	**Είναι πολύ ακριβό.** [íne polí akrivó]
Scusi, dov'è la cassa?	**Συγνώμη, που μπορώ να πληρώσω;** [siɣnómi, pu boró na pliróso?]
Il conto, per favore.	**Τον λογαριασμό, παρακαλώ.** [ton lʲoɣariazmó, parakalʲó]

Posso pagare con la carta di credito?	**Μπορώ να πληρώσω με πιστωτική κάρτα;** [boró na pliróso me pistotikí kárta?]
C'è un bancomat?	**Μήπως υπάρχει εδώ κοντά κάποιο ΑΤΜ;** [mípos ipárxi eðó kondá kápio eitiém?]
Sto cercando un bancomat.	**Ψάχνω να βρω ένα ΑΤΜ.** [psáxno ʝa na vro éna eitiém]

Sto cercando un ufficio dei cambi.	**Ψάχνω για ένα ανταλλακτήριο συναλλάγματος.** [psáxno ʝa éna andalʲaktírio sinalʲáɣmatos]
Vorrei cambiare ...	**Θα ήθελα να αλλάξω ...** [θa íθelʲa na alʲákso ...]
Quanto è il tasso di cambio?	**Ποια είναι η τιμή συναλλάγματος;** [pia íne i timí sinalʲáɣmatos?]
Ha bisogno del mio passaporto?	**Θέλετε το διαβατήριο μου;** [θélete to ðiavatírio mu?]

Le ore

Che ore sono?	**Τι ώρα είναι;** [ti óra íne?]
Quando?	**Πότε;** [póte?]
A che ora?	**Τι ώρα;** [ti óra?]
adesso | più tardi | dopo ...	**τώρα | αργότερα | μετά ...** [tóra | arɣótera | metá ...]
l'una	**μία η ώρα** [mía i óra]
l'una e un quarto	**μία και τέταρτο** [mía ke tétarto]
l'una e trenta	**μία και μισή** [mía ke misí]
l'una e quarantacinque	**δύο παρά τέταρτο** [ðío pará tétarto]
uno | due | tre	**μία | δύο | τρις** [mía | ðío | tris]
quattro | cinque | sei	**τέσσερις | πέντε | έξι** [téseris | pénde | éksi]
sette | otto | nove	**επτά | οκτώ | εννέα** [eptá | októ | enéa]
dieci | undici | dodici	**δέκα | έντεκα | δώδεκα** [ðéka | éndeka | ðóðeka]
fra ...	**σε ...** [se ...]
cinque minuti	**πέντε λεπτά** [pénde leptá]
dieci minuti	**δέκα λεπτά** [ðéka leptá]
quindici minuti	**δεκαπέντε λεπτά** [ðekapénde leptá]
venti minuti	**είκοσι λεπτά** [íkosi leptá]
mezzora	**μισή ώρα** [misí óra]
un'ora	**μια ώρα** [mia óra]

la mattina	**το πρωί** [to proí]
la mattina presto	**νωρίς το πρωί** [norís to proí]
questa mattina	**σήμερα το πρωί** [símera to proí]
domani mattina	**αύριο το πρωί** [ávrio to proí]

all'ora di pranzo	**την ώρα του μεσημεριανού** [tin óra tu mesimerianú]
nel pomeriggio	**το απόγευμα** [to apójevma]
la sera	**το βράδυ** [to vráði]
stasera	**απόψε** [apópse]

la notte	**την νύχτα** [tin níxta]
ieri	**εχθές** [exθés]
oggi	**σήμερα** [símera]
domani	**αύριο** [ávrio]
dopodomani	**μεθαύριο** [meθávrio]

Che giorno è oggi?	**Τι μέρα είναι σήμερα;** [ti méra íne símera?]
Oggi è …	**Είναι …** [íne …]
lunedì	**Δευτέρα** [ðeftéra]
martedì	**Τρίτη** [tríti]
mercoledì	**Τετάρτη** [tetárti]

giovedì	**Πέμπτη** [pémpti]
venerdì	**Παρασκευή** [paraskeví]
sabato	**Σάββατο** [sávato]
domenica	**Κυριακή** [kiriakí]

Saluti - Presentazione

Salve.	Γεια σας. [ja sas]
Lieto di conoscerla.	Χάρηκα που σας γνώρισα. [xárika pu sas ɣnórisa]
Il piacere è mio.	Και εγώ επίσης. [ke eɣó epísis]
Vi presento ...	Θα ήθελα να συναντήσεις ... [θa íθelʲa na sinandísis ...]
Molto piacere.	Χαίρομαι που σας γνωρίζω. [xérome pu sas ɣnorízo]

Come sta?	Τι κάνετε; Πώς είστε; [ti kánete? pós íste?]
Mi chiamo ...	Ονομάζομαι ... [onomázome ...]
Si chiama ... (m)	Το όνομά του είναι ... [to ónomá tu íne ...]
Si chiama ... (f)	Το όνομά της είναι ... [to ónomá tes íne ...]
Come si chiama?	Πώς ονομάζεστε; [pós onomázeste?]
Come si chiama lui?	Πώς ονομάζεται; [pós onomázete?]
Come si chiama lei?	Πώς ονομάζεται; [pós onomázete?]

Qual'è il suo cognome?	Ποιο είναι το επώνυμό σας; [pio íne to epónimó sas?]
Può chiamarmi ...	Μπορείτε να με λέτε ... [boríte na me léte ...]
Da dove viene?	Από πού είστε; [apó pú íste?]
Vengo da ...	Είμαι από ... [íme apó ...]
Che lavoro fa?	Ποιο είναι το επάγγελμά σας; [pio íne to epángelʲmá sas?]
Chi è?	Ποιος είναι αυτός ο άνθρωπος; [pios íne aftós o ánθropos?]
Chi è lui?	Ποιος είναι αυτός; [pios íne aftós?]
Chi è lei?	Ποια είναι αυτή; [pia íne aftí?]
Chi sono loro?	Ποιοι είναι αυτοί; [pii íne aftí?]

Questo è ...	**Αυτός είναι ...** [aftós íne ...]
il mio amico	**ο φίλος μου** [o fílʲos mu]
la mia amica	**η φίλη μου** [i fíli mu]
mio marito	**ο σύζυγός μου** [o síziɣós mu]
mia moglie	**η σύζυγός μου** [i síziɣós mu]

---

mio padre	**ο πατέρας μου** [o patéras mu]
mia madre	**η μητέρα μου** [i mitéra mu]
mio fratello	**ο αδελφός μου** [o aðelʲfós mu]
mia sorella	**η αδελφή μου** [i aðelʲfí mu]
mio figlio	**ο γιός μου** [o jiós mu]
mia figlia	**η κόρη μου** [i kóri mu]

Questo è nostro figlio.	**Αυτός είναι ο γιός μας.** [aftós íne o jiós mas]
Questa è nostra figlia.	**Αυτή είναι η κόρη μας.** [aftí íne i kóri mas]
Questi sono i miei figli.	**Αυτά είναι τα παιδιά μου.** [aftá íne ta peðiá mu]
Questi sono i nostri figli.	**Αυτά είναι τα παιδιά μας.** [aftá íne ta peðiá mas]

Saluti di commiato

Arrivederci!	**Αντίο!** [adío!]
Ciao!	**Γεια σου!** [ja su!]
A domani.	**Θα σας δω αύριο.** [θa sas ðo ávrio]
A presto.	**Θα σε δω σύντομα.** [θa se ðo síndoma]
Ci vediamo alle sette.	**Θα σε δω στις επτά.** [θa se ðo stis eptá]
Divertitevi!	**Καλή διασκέδαση!** [kalí ðiaskéðasi!]
Ci sentiamo più tardi.	**Θα τα πούμε αργότερα.** [θa ta púme aryótera]
Buon fine settimana.	**Καλό σαββατοκύριακο.** [kalʲó savatokíriako]
Buona notte	**Καλή νύχτα σας.** [kalí níxta sas]
Adesso devo andare.	**Είναι ώρα να πηγαίνω.** [íne óra na pijéno]
Devo andare.	**Πρέπει να φύγω.** [prépi na fíyo]
Torno subito.	**Θα γυρίσω αμέσως.** [θa jiríso amésos]
È tardi.	**Είναι αργά.** [íne aryá]
Domani devo alzarmi presto.	**Πρέπει να ξυπνήσω νωρίς.** [prépi na ksipníso norís]
Parto domani.	**Φεύγω αύριο.** [févyo ávrio]
Partiamo domani.	**Φεύγουμε αύριο.** [févyume ávrio]
Buon viaggio!	**Καλό σας ταξίδι!** [kalʲó sas taksíði!]
È stato un piacere conoscerla.	**Χάρηκα που σας γνώρισα.** [xárika pu sas ynórisa]
È stato un piacere parlare con lei.	**Χάρηκα που μιλήσαμε.** [xárika pu milísame]
Grazie di tutto.	**Ευχαριστώ για όλα.** [efxaristó ja ólʲa]

Mi sono divertito.	Πέρασα πολύ καλά. [pérasa polí kalʲá]
Ci siamo divertiti.	Περάσαμε πολύ καλά. [perásame polí kalʲá]
È stato straordinario.	Ήταν πραγματικά υπέροχα. [ítan praɣmatiká ipéroxa]
Mi mancherà.	Θα μου λείψετε. [θa mu lípsete]
Ci mancherà.	Θα μας λείψετε. [θa mas lípsete]

Buona fortuna!	Καλή τύχη! [kalí tíxi!]
Mi saluti ...	Χαιρετίσματα σε ... [xeretízmata se ...]

Lingua straniera

Non capisco.	**Δεν καταλαβαίνω.** [ðen kataliavéno]
Può scriverlo, per favore.	**Μπορείτε σας παρακαλώ να το γράψετε;** [boríte sas parakalió na to ɣrápsete?]
Parla ...?	**Μιλάτε ...;** [miliáte ...?]
Parlo un po' ...	**Μιλάω λίγο ...** [miliáo líɣo ...]
inglese	**αγγλικά** [angliká]
turco	**τουρκικά** [turkiká]
arabo	**αραβικά** [araviká]
francese	**γαλλικά** [ɣaliká]
tedesco	**γερμανικά** [jermaniká]
italiano	**ιταλικά** [italiká]
spagnolo	**ισπανικά** [ispaniká]
portoghese	**πορτογαλικά** [portoɣaliká]
cinese	**κινέζικα** [kinézika]
giapponese	**ιαπωνικά** [japoniká]
Può ripetere, per favore.	**Μπορείτε παρακαλώ να το επαναλάβετε;** [boríte parakalió na to epanalávete?]
Capisco.	**Καταλαβαίνω.** [kataliavéno]
Non capisco.	**Δεν καταλαβαίνω.** [ðen kataliavéno]
Può parlare più piano, per favore.	**Παρακαλώ μιλάτε πιο αργά.** [parakalió miliáte pio arɣá]

È corretto?

Είναι σωστό αυτό;
[íne sostó aftó?]

Cos'è questo? (Cosa significa?)

Τι είναι αυτό;
[ti íne aftó?]

Chiedere scusa

Mi scusi, per favore.	**Με συγχωρείτε, παρακαλώ.** [me sinxoríte, parakal^jó]
Mi dispiace.	**Λυπάμαι.** [lipáme]
Mi dispiace molto.	**Λυπάμαι πολύ.** [lipáme polí]
Mi dispiace, è colpa mia.	**Με συγχωρείτε, ήταν λάθος μου.** [me sinxoríte, ítan l^jáθos mu]
È stato un mio errore.	**Είναι λάθος μου.** [íne l^jáθos mu]
Posso ...?	**Θα μπορούσα να ...;** [θa borúsa na ...?]
Le dispiace se ...?	**Θα σας πείραζε να ...;** [θa sas píraze na ...?]
Non fa niente.	**Είναι εντάξει.** [íne endáksi]
Tutto bene.	**Εντάξει.** [endáksi]
Non si preoccupi.	**Μην σας απασχολεί.** [min sas apasxolí]

Essere d'accordo

Sì.	**Ναι.** [ne]
Sì, certo.	**Ναι, φυσικά.** [ne, fisiká]
Bene.	**Εντάξει! Καλά!** [endáksi! kalʲá!]
Molto bene.	**Πολύ καλά.** [polí kalʲá]
Certamente!	**Φυσικά!** [fisiká!]
Sono d'accordo.	**Συμφωνώ.** [simfonó]

Esatto.	**Αυτό είναι σωστό.** [aftó íne sostó]
Giusto.	**Σωστά.** [sostá]
Ha ragione.	**Έχετε δίκιο.** [éxete ðíkio]
È lo stesso.	**Δεν με πειράζει.** [ðen me pirázi]
È assolutamente corretto.	**Απολύτως σωστό.** [apolítos sostó]

È possibile.	**Είναι πιθανό.** [íne piθanó]
È una buona idea.	**Είναι μία καλή ιδέα.** [íne mía kalí iðéa]
Non posso dire di no.	**Δεν μπορώ να αρνηθώ.** [ðen boró na arniθó]
Ne sarei lieto /lieta/.	**Βεβαίως.** [vevéos]
Con piacere.	**Ευχαρίστως.** [efxarístos]

Diniego. Esprimere incertezza

No.	**Όχι.** [óxi]
Sicuramente no.	**Βέβαια όχι.** [vévea óxi]
Non sono d'accordo.	**Δεν συμφωνώ.** [ðen simfonó]
Non penso.	**Δεν νομίζω** [ðen nomízo]
Non è vero.	**Δεν είναι αλήθεια.** [ðen íne alíθia]
Si sbaglia.	**Κάνετε λάθος.** [kánete lʲáθos]
Penso che lei si stia sbagliando.	**Νομίζω ότι κάνετε λάθος.** [nomízo óti kánete lʲáθos]
Non sono sicuro.	**Δεν είμαι σίγουρος.** [ðen íme síɣuros]
È impossibile.	**Είναι αδύνατο.** [íne aðínato]
Assolutamente no!	**Τίποτα τέτοιο!** [típota tétio!]
Esattamente il contrario!	**Το ακριβώς αντίθετο.** [to akrivós andíθeto]
Sono contro.	**Διαφωνώ με αυτό.** [ðiafonó me aftó]
Non m'interessa.	**Δεν με νοιάζει.** [ðen me niázi]
Non ne ho idea.	**Δεν έχω ιδέα.** [ðen éxo iðéa]
Dubito che sia così.	**Δεν νομίζω** [ðen nomízo]
Mi dispiace, non posso.	**Με συγχωρείτε, δεν μπορώ.** [me sinxoríte, ðen boró]
Mi dispiace, non voglio.	**Με συγχωρείτε, δεν θέλω να.** [me sinxoríte, ðen θélʲo na]
Non ne ho bisogno, grazie.	**Ευχαριστώ, αλλά δεν το χρειάζομαι αυτό.** [efxaristó, alʲá ðen to xriázome aftó]

È già tardi.	**Είναι αργά.** [íne arɣá]
Devo alzarmi presto.	**Πρέπει να σηκωθώ νωρίς.** [prépi na sekoθó norís]
Non mi sento bene.	**Δεν αισθάνομαι καλά.** [ðen esθánome kalʲá]

Esprimere gratitude

Grazie.	**Σας ευχαριστώ.** [sas efxaristó]
Grazie mille.	**Σας ευχαριστώ πολύ.** [sas efxaristó polí]
Le sono riconoscente.	**Το εκτιμώ πολύ.** [to ektimó polí]
Le sono davvero grato.	**Σας είμαι πραγματικά ευγνώμων.** [sas íme praɣmatiká evɣnómon]
Le siamo davvero grati.	**Σας είμαστε πραγματικά ευγνώμονες.** [sas ímaste praɣmatiká evɣnómones]
Grazie per la sua disponibilità.	**Σας ευχαριστώ για τον χρόνο σας.** [sas efxaristó ʝa ton xróno sas]
Grazie di tutto.	**Ευχαριστώ για όλα.** [efxaristó ʝa ólʲa]
Grazie per ...	**Σας ευχαριστώ για ...** [sas efxaristó ʝa ...]
il suo aiuto	**την βοήθειά σας** [tin voíθiá sas]
il bellissimo tempo	**να περάσετε καλά** [na perásete kalʲá]
il delizioso pranzo	**ένα υπέροχο γεύμα** [éna ipéroxo ʝévma]
la bella serata	**ένα ευχάριστο βράδυ** [éna efxáristo vráði]
la bella giornata	**μια υπέροχη μέρα** [mia ipéroxi méra]
la splendida gita	**ένα καταπληκτικό ταξίδι** [éna katapliktikó taksíði]
Non c'è di che.	**Δεν είναι τίποτα** [ðen íne típota]
Prego.	**Παρακαλώ, δεν κάνει τίποτα.** [parakalʲó, ðen káni típota]
Con piacere.	**Οποτεδήποτε.** [opoteðípote]
È stato un piacere.	**Είναι ευχαρίστηση μου.** [íne efxarístisi mu]
Non ci pensi neanche.	**Ξέχνα το.** [kséxna to]
Non si preoccupi.	**Μην σας απασχολεί.** [min sas apasxolí]

Congratulazioni. Auguri

Congratulazioni!	**Συγχαρητήρια!** [sinxaritíria!]
Buon compleanno!	**Χρόνια πολλά!** [xrónia polʲá!]
Buon Natale!	**Καλά Χριστούγεννα!** [kalʲá xristúʝena!]
Felice Anno Nuovo!	**Καλή Χρονιά!** [kalí xroniá!]
Buona Pasqua!	**Καλό Πάσχα!** [kalʲó pásxa!]
Felice Hanukkah!	**Καλό Χάνουκα!** [kalʲó xánuka!]
Vorrei fare un brindisi.	**Θα ήθελα να κάνω μία πρόποση** [θa íθelʲa na káno mía próposi]
Salute!	**Γεια μας!** [ʝa mas!]
Beviamo a ...!	**Ας πιούμε στην υγειά του ...!** [as piúme stin iʝiá tu ...!]
Al nostro successo!	**Στην επιτυχία μας!** [stin epitixía mas!]
Al suo successo!	**Στην επιτυχία σας!** [stin epitixía sas!]
Buona fortuna!	**Καλή τύχη!** [kalí tíxi]
Buona giornata!	**Να έχετε μια ευχάριστη μέρα!** [na éxete mia efxáristi méra!]
Buone vacanze!	**Καλές διακοπές!** [kalés ðiakopés!]
Buon viaggio!	**Να έχετε ένα ασφαλές ταξίδι!** [na éxete éna asfalés taksíði!]
Spero guarisca presto!	**Ελπίζω να αναρρώσετε σύντομα!** [elʲpízo na anarósete síntoma!]

Socializzare

Perchè è triste?	**Γιατί είστε λυπημένος;** [jatí íste lipeménos?]
Sorrida!	**Χαμογελάστε!** [xamojelʲáste!]
È libero stasera?	**Έχετε χρόνο απόψε;** [éxete xróno apópse?]
Posso offrirle qualcosa da bere?	**Θα μπορούσα να σας προσφέρω ένα ποτό;** [θa borúsa na sas prosféro éna potó?]
Vuole ballare?	**Θα θέλατε να χορέψουμε;** [θa θélʲate na xorépsume?]
Andiamo al cinema.	**Πάμε σινεμά.** [páme sinemá]
Posso invitarla ...?	**Θα μπορούσα να σας προσκαλέσω σε ...;** [θa borúsa na sas proskaléso se ...?]
al ristorante	**δείπνο** [ðípno]
al cinema	**σινεμά** [sinemá]
a teatro	**θέατρο** [θéatro]
a fare una passeggiata	**για μια βόλτα** [ja mia vólʲta]
A che ora?	**Τι ώρα;** [ti óra?]
stasera	**απόψε** [apópse]
alle sei	**στις έξι** [stis éksi]
alle sette	**στις επτά** [stis eptá]
alle otto	**στις οκτώ** [stis októ]
alle nove	**στις εννέα** [stis enéa]
Le piace qui?	**Σας αρέσει εδώ;** [sas arési eðó?]

È qui con qualcuno?	**Είστε εδώ με κάποιον;** [íste eðó me kápion?]
Sono con un amico /una amica/.	**Είμαι με τον φίλο μου.** [íme me ton fílʲo mu]
Sono con i miei amici.	**Είμαι με τους φίλους μου.** [íme me tus fílʲus mu]
No, sono da solo /sola/.	**Όχι, είμαι μόνος /μόνη/.** [óxi, íme mónos /móni/]

Hai il ragazzo?	**Έχεις αγόρι;** [éxis aɣóri?]
Ho il ragazzo.	**Έχω αγόρι.** [éxo aɣóri]
Hai la ragazza?	**Έχεις κορίτσι;** [éxis korítsi?]
Ho la ragazza.	**Έχω κορίτσι.** [éxo korítsi]

Posso rivederti?	**Θέλεις να ξαναβρεθούμε;** [θélis na ksanavreθúme?]
Posso chiamarti?	**Μπορώ να σου τηλεφωνήσω;** [boró na su tilefoníso?]
Chiamami.	**Πάρε με τηλέφωνο.** [páre me tiléfono]
Qual'è il tuo numero?	**Ποιος είναι ο αριθμός σου;** [pios íne o ariθmós su?]
Mi manchi.	**Μου λείπεις.** [mu lípis]

Ha un bel nome.	**Έχετε ωραίο όνομα.** [éxete oréo ónoma]
Ti amo.	**Σ'αγαπώ.** [saɣapó]
Mi vuoi sposare?	**Θα με παντρευτείς;** [θa me pandreftís?]
Sta scherzando!	**Αστειεύεστε!** [astiéveste!]
Sto scherzando.	**Απλώς αστειεύομαι.** [aplʲós astiévome]

Lo dice sul serio?	**Μιλάτε σοβαρά;** [milʲáte sovará?]
Sono serio.	**Μιλώ σοβαρά.** [milʲó sovará]
Davvero?!	**Αλήθεια;** [alíθia?]
È incredibile!	**Είναι απίστευτο!** [íne apístefto!]
Non le credo.	**Δεν σας πιστεύω.** [ðen sas pistévo]
Non posso.	**Δεν μπορώ.** [ðen boró]

No so.	**Δεν ξέρω.** [ðen kséro]
Non la capisco.	**Δεν σας καταλαβαίνω.** [ðen sas katalʲavéno]
Per favore, vada via.	**Παρακαλώ φύγετε.** [parakalʲó fíʝete]
Mi lasci in pace!	**Αφήστε με ήσυχη!** [afíste me ésixi!]

Non lo sopporto.	**Δεν τον αντέχω.** [ðen ton adéxo]
Lei è disgustoso!	**Είστε απαίσιος!** [íste apésios!]
Chiamo la polizia!	**Θα καλέσω την αστυνομία!** [θa kaléso tin astinomía!]

Comunicare impressioni ed emozioni

Mi piace.	**Μου αρέσει.** [mu arési]
Molto carino.	**Πολύ ωραίο.** [polí oréo]
È formidabile!	**Είναι θαυμάσιο!** [íne θavmásio!]
Non è male.	**Δεν είναι κακό.** [ðen íne kakó]
Non mi piace.	**Δεν μου αρέσει.** [ðen mu arési]
Non è buono.	**Δεν είναι καλό.** [ðen íne kal'ó]
È cattivo.	**Είναι κακό.** [íne kakó]
È molto cattivo.	**Είναι πολύ κακό.** [íne polí kakó]
È disgustoso.	**Είναι αηδιαστικό.** [íne aiðiastikó]
Sono felice.	**Είμαι χαρούμενος /χαρούμενη/.** [íme xarúmenos /xarúmeni/]
Sono contento /contenta/.	**Είμαι ικανοποιημένος /ικανοποιημένη/.** [íme ikanopiménos /ikanopiméni/]
Sono innamorato /innamorata/.	**Είμαι ερωτευμένος /ερωτευμένη/.** [íme erotevménos /erotevméni/]
Sono calmo.	**Είμαι ήρεμος /ήρεμη/.** [íme íremos /íremi/]
Sono annoiato.	**Βαριέμαι.** [variéme]
Sono stanco /stanca/.	**Είμαι κουρασμένος /κουρασμένη/.** [íme kurazménos /kurazméni/]
Sono triste.	**Είμαι στενοχωρημένος /στενοχωρημένη/.** [íme stenoxoriménos /stenoxoriméni/]
Sono spaventato.	**Φοβάμαι.** [fováme]
Sono arrabbiato /arrabiata/.	**Είμαι θυμωμένος /θυμωμένη/.** [íme θimoménos /θimoméni/]
Sono preoccupato /preoccupata/.	**Ανησυχώ** [anesixó]

Sono nervoso /nervosa/.

Είμαι νευρικός /νευρική/.
[íme nevrikós /nevrikí/]

Sono geloso /gelosa/.

Ζηλεύω.
[zilévo]

Sono sorpreso /sorpresa/.

Εκπλήσσομαι.
[ekplísome]

Sono perplesso.

Νιώθω αμήχανα.
[nióθo amíxana]

Problemi. Incidenti

Ho un problema. | **Έχω ένα πρόβλημα.**
[éxo éna próvlima]

Abbiamo un problema. | **Έχουμε ένα πρόβλημα.**
[éxume éna próvlima]

Sono perso /persa/. | **Χάθηκα.**
[xáθika]

Ho perso l'ultimo autobus (treno). | **Έχασα το τελευταίο λεωφορείο (τρένο).**
[éxasa to teleftéo leoforío (tréno)]

Non ho più soldi. | **Δεν έχω άλλα χρήματα.**
[ðen éxo álʲa xrímata]

Ho perso ... | **Έχασα το ... μου**
[éxasa to ... mu]

Mi hanno rubato ... | **Μου έκλεψαν το ... μου**
[mu éklepsan to ... mu]

il passaporto | **διαβατήριο**
[ðiavatírio]

il portafoglio | **πορτοφόλι**
[portofóli]

i documenti | **χαρτιά**
[xartiá]

il biglietto | **εισιτήριο**
[isitírio]

i soldi | **χρήματα**
[xrímata]

la borsa | **τσάντα**
[tsánda]

la macchina fotografica | **κάμερα**
[kámera]

il computer portatile | **λάπτοπ**
[lʲáptop]

il tablet | **τάμπλετ**
[táblet]

il telefono cellulare | **κινητό**
[kinitó]

Aiuto! | **Βοηθήστε με!**
[voiθíste me!]

Che cosa è successo? | **Τι συνέβη;**
[ti sinévi?]

fuoco	**φωτιά** [fotiá]
sparatoria	**πυροβολισμός** [pirovolizmós]
omicidio	**φόνος** [fónos]
esplosione	**έκρηξη** [ékriksi]
rissa	**καυγάς** [kavɣás]

Chiamate la polizia!	**Καλέστε την αστυνομία!** [kaléste tin astinomía!]
Per favore, faccia presto!	**Παρακαλώ βιαστείτε!** [parakalʲó viastíte!]
Sto cercando la stazione di polizia.	**Ψάχνω να βρω ένα αστυνομικό τμήμα.** [psáxno na vro éna astinomikó tmíma]
Devo fare una telefonata.	**Πρέπει να τηλεφωνήσω.** [prépi na tilefoníso]
Posso usare il suo telefono?	**Θα μπορούσα να χρησιμοποιήσω το τηλέφωνό σας;** [θa borúsa na xresimopiéso to tiléfonó sas?]

Sono stato /stata/ ...	**Με ...** [me ...]
aggredito /aggredita/	**έδειραν** [éðiran]
derubato /derubata/	**λήστεψαν** [lístepsan]
violentata	**βίασαν** [víasan]
assalito /assalita/	**επιτέθηκαν** [epitéθikan]

Lei sta bene?	**Είστε καλά;** [íste kalʲá?]
Ha visto chi è stato?	**Είδατε ποιος ήταν;** [íðate pios itan?]
È in grado di riconoscere la persona?	**Μπορείτε να αναγνωρίσετε αυτό το άτομο;** [boríte na anaɣnorísete aftó to átomo?]
È sicuro?	**Είστε σίγουρος;** [íste síɣuros?]

Per favore, si calmi.	**Παρακαλώ ηρεμήστε.** [parakalʲó iremíste]
Si calmi!	**Με την ησυχία σας!** [me tin esixía sas!]

Non si preoccupi.	**Μην ανησυχείτε!** [min anisixíte!]
Andrà tutto bene.	**Όλα θα πάνε καλά.** [ólʲa θa páne kalʲá]
Va tutto bene.	**Όλα είναι εντάξει.** [ólʲa íne edáksi]

Venga qui, per favore.	**Ελάτε εδώ, παρακαλώ.** [elʲáte eðó, parakalʲó]
Devo porle qualche domanda.	**Έχω να σας κάνω μερικές ερωτήσεις.** [éxo na sas káno merikés erotísis]
Aspetti un momento, per favore.	**Περιμένετε ένα λεπτό, παρακαλώ.** [periménete éna leptó, parakalʲó]
Ha un documento d'identità?	**Έχετε την ταυτότητα σας μαζί σας;** [éxete tin taftótita sas mazí sas?]
Grazie. Può andare ora.	**Ευχαριστώ. Μπορείτε να φύγετε.** [efxaristó. boríte na fíjete]
Mani dietro la testa!	**Τα χέρια πίσω από το κεφάλι σας!** [ta xéria píso apó to kefáli sas!]
È in arresto!	**Συλλαμβάνεστε!** [silʲamváneste!]

Problemi di salute

Mi può aiutare, per favore.	**Παρακαλώ βοηθήστε με.** [parakalʲó voiθíste me]
Non mi sento bene.	**Δεν αισθάνομαι καλά.** [ðen esθánome kalʲá]
Mio marito non si sente bene.	**Ο σύζυγός μου δεν αισθάνεται καλά.** [o síziɣós mu ðen esθánete kalʲá]
Mio figlio ...	**Ο γιός μου ...** [o ʝiós mu ...]
Mio padre ...	**Ο πατέρας μου ...** [o patéras mu ...]
Mia moglie non si sente bene.	**Η γυναίκα μου δεν αισθάνεται καλά.** [i ʝinéka mu ðen esθánete kalʲá]
Mia figlia ...	**Η κόρη μου ...** [i kóri mu ...]
Mia madre ...	**Η μητέρα μου ...** [i mitéra mu ...]
Ho mal di ...	**Μου πονάει ...** [mu ponái ...]
testa	**το κεφάλι** [to kefáli]
gola	**ο λαιμός** [o lemós]
pancia	**το στομάχι** [to stomáxi]
denti	**το δόντι** [to ðóndi]
Mi gira la testa.	**Ζαλίζομαι.** [zalízome]
Ha la febbre. (m)	**Αυτός έχει πυρετό.** [aftós éxi piretó]
Ha la febbre. (f)	**Αυτή έχει πυρετό.** [afté éxi piretó]
Non riesco a respirare.	**Δεν μπορώ να αναπνεύσω.** [ðen boró na anapnéfso]
Mi manca il respiro.	**Μου κόπηκε η αναπνοή.** [mu kópike i anapnoí]
Sono asmatico.	**Έχω άσθμα.** [éxo ásθma]
Sono diabetico /diabetica/.	**Είμαι διαβητικός.** [íme ðiavetikós]

Soffro d'insonnia.	**Έχω αϋπνία.** [éxo aipnía]
intossicazione alimentare	**τροφική δηλητηρίαση** [trofikí ðilitiríasi]

Fa male qui.	**Πονάω εδώ.** [ponáo eðó]
Mi aiuti!	**Βοηθήστε με!** [voiθíste me!]
Sono qui!	**Εδώ είμαι!** [eðó íme!]
Siamo qui!	**Εδώ είμαστε!** [eðó ímaste!]
Mi tiri fuori di qui!	**Πάρτε με από δώ!** [párte me apó ðó!]

Ho bisogno di un dottore.	**Χρειάζομαι ένα γιατρό.** [xriázome éna ʝatró]
Non riesco a muovermi.	**Δεν μπορώ να κουνηθώ.** [ðen boró na kuniθó]
Non riesco a muovere le gambe.	**Δεν μπορώ να κουνήσω τα πόδια μου.** [ðen boró na kuníso ta póðia mu]

Ho una ferita.	**Είμαι τραυματισμένος /τραυματισμένη/.** [íme travmatizménos /travmatizméni/]
È grave?	**Είναι σοβαρό;** [íne sovaró?]
I miei documenti sono in tasca.	**Τα χαρτιά μου είναι μέσα στην τσέπη μου.** [ta xartiá mu íne mésa stin tsépi mu]
Si calmi!	**Ηρεμήστε!** [iremíste!]
Posso usare il suo telefono?	**Θα μπορούσα να χρησιμοποιήσω το τηλέφωνο σας;** [θa borúsa na xresimopiéso to tiléfono sas?]

Chiamate l'ambulanza!	**Καλέστε ένα ασθενοφόρο!** [kaléste éna asθenofóro!]
È urgente!	**Είναι επείγον!** [íne epíɣon!]
È un'emergenza!	**Είναι επείγον!** [íne epíɣon!]
Per favore, faccia presto!	**Παρακαλώ βιαστείτε!** [parakalʲó viastíte!]
Per favore, chiamate un medico.	**Φωνάζετε παρακαλώ έναν γιατρό;** [fonázete parakalʲó énan ʝatró?]

Dov'è l'ospedale?	**Πού είναι το νοσοκομείο;** [pú íne to nosokomío?]
Come si sente?	**Πως αισθάνεστε;** [pos esθáneste?]
Sta bene?	**Είστε καλά;** [íste kalʲá?]
Che cosa è successo?	**Τι έγινε;** [ti éʝine?]
Mi sento meglio ora.	**Νοιώθω καλύτερα τώρα.** [nióθo kalítera tóra]
Va bene.	**Είναι εντάξει.** [íne endáksi]
Va tutto bene.	**Όλα καλά.** [ólʲa kalʲá]

In farmacia

farmacia	**φαρμακείο** [farmakío]
farmacia di turno	**εφημερεύον φαρμακείο** [efmerévon farmakío]
Dov'è la farmacia più vicina?	**Πού είναι το πιο κοντινό φαρμακείο;** [pú íne to pio kondinó farmakío?]
È aperta a quest'ora?	**Είναι ανοιχτό αυτήν την ώρα;** [íne anixtó aftín tin óra?]
A che ora apre?	**Τι ώρα ανοίγει;** [ti óra aníʝi?]
A che ora chiude?	**Τι ώρα κλείνει;** [ti óra klíni?]
È lontana?	**Είναι μακριά από εδώ;** [íne makriá apó eðó?]
Posso andarci a piedi?	**Μπορώ να πάω εκεί με τα πόδια;** [boró na páo ekí me ta póðia?]
Può mostrarmi sulla piantina?	**Μπορείτε να μου δείξετε στο χάρτη;** [boríte na mu ðíksete sto xárti?]
Per favore, può darmi qualcosa per ...	**Παρακαλώ δώστε μου κάτι για ...** [parakalʲó ðóste mu káti ʝa ...]
il mal di testa	**πονοκέφαλο** [ponokéfalʲo]
la tosse	**βήχα** [víxa]
il raffreddore	**το κρυολόγημα** [to krioIʲóʝima]
l'influenza	**γρίπη** [grípi]
la febbre	**πυρετό** [piretó]
il mal di stomaco	**πόνο στο στομάχι** [póno sto stomáxi]
la nausea	**ναυτία** [naftía]
la diarrea	**διάρροια** [ðiária]
la costipazione	**δυσκοιλιότητα** [ðiskiliótita]
mal di schiena	**πόνο στην πλάτη** [póno stin plʲáti]

dolore al petto	**πόνο στο στήθος** [póno sto stíθos]
fitte al fianco	**πόνο στα πλευρά** [póno sta plevrá]
dolori addominali	**πόνο στην κοιλιά** [póno sten kiliá]

pastiglia	**χάπι** [xápi]
pomata	**αλοιφή, κρέμα** [alifí, kréma]
sciroppo	**σιρόπι** [sirópi]
spray	**σπρέι** [spréj]
gocce	**σταγόνες** [staɣónes]

Deve andare in ospedale.	**Πρέπει να πάτε στο νοσοκομείο.** [prépi na páte sto nosokomío]
assicurazione sanitaria	**ιατροφαρμακευτική κάλυψη** [jatrofarmakeftikí kálipsi]
prescrizione	**συνταγή** [sindají]
insettifugo	**εντομοαπωθητικό** [endomoapoθitikó]
cerotto	**τσιρότο** [tsiróto]

Il minimo indispensabile

Mi scusi, ...	**Συγνώμη, ...** [siɣnómi, ...]
Buongiorno.	**Γεια σας.** [ʝa sas]
Grazie.	**Ευχαριστώ.** [efxaristó]
Arrivederci.	**Αντίο.** [adío]
Sì.	**Ναι.** [ne]
No.	**Όχι.** [óxi]
Non lo so.	**Δεν ξέρω.** [ðen kséro]
Dove? | Dove? (~ stai andando?) | Quando?	**Πού; | Προς τα πού; | Πότε;** [pú? | pros ta pú? | póte?]

Ho bisogno di ...	**Χρειάζομαι ...** [xriázome ...]
Voglio ...	**Θέλω ...** [θélʲo ...]
Avete ...?	**Έχετε ...;** [éxete ...?]
C'è un /una/ ... qui?	**Μήπως υπάρχει ... εδώ;** [mípos ipárxi ... eðó?]
Posso ...?	**Θα μπορούσα να ...;** [θa borúsa na ...?]
per favore	**..., παρακαλώ** [..., parakalʲó]

Sto cercando ...	**Ψάχνω για ...** [psáxno ʝa ...]
il bagno	**τουαλέτα** [tualéta]
un bancomat	**ATM** [eitiém]
una farmacia	**φαρμακείο** [farmakío]
un ospedale	**νοσοκομείο** [nosokomío]
la stazione di polizia	**αστυνομικό τμήμα** [astinomikó tmíma]
la metro	**μετρό** [metró]

un taxi	**ταξί** [taksí]
la stazione (ferroviaria)	**σιδηροδρομικό σταθμό** [siðiroðromikó staθmó]

Mi chiamo ...	**Ονομάζομαι ...** [onomázome ...]
Come si chiama?	**Πώς ονομάζεστε;** [pós onomázeste?]
Mi può aiutare, per favore?	**Μπορείτε παρακαλώ να με βοηθήσετε;** [boríte parakalʲó na me voiθísete?]
Ho un problema.	**Έχω ένα πρόβλημα.** [éxo éna próvlima]
Mi sento male.	**Δεν αισθάνομαι καλά.** [ðen esθánome kalʲá]
Chiamate l'ambulanza!	**Καλέστε ένα ασθενοφόρο!** [kaléste éna asθenofóro!]
Posso fare una telefonata?	**Θα μπορούσα να κάνω ένα τηλέφωνο;** [θa borúsa na káno éna tiléfono?]

Mi dispiace.	**Συγνώμη.** [siɣnómi]
Prego.	**Παρακαλώ!** [parakalʲó!]

io	**Εγώ, εμένα** [eɣó, eména]
tu	**εσύ** [esí]
lui	**αυτός** [aftós]
lei	**αυτή** [aftí]
loro (m)	**αυτοί** [aftí]
loro (f)	**αυτές** [aftés]
noi	**εμείς** [emís]
voi	**εσείς** [esís]
Lei	**εσείς** [esís]

ENTRATA	**ΕΙΣΟΔΟΣ** [ísoðos]
USCITA	**ΕΞΟΔΟΣ** [éksoðos]

FUORI SERVIZIO	**ΕΚΤΟΣ ΛΕΙΤΟΥΡΓΙΑΣ** [éktos liturʝías]
CHIUSO	**ΚΛΕΙΣΤΟ** [klísto]
APERTO	**ΑΝΟΙΚΤΟ** [aníkto]
DONNE	**ΓΥΝΑΙΚΩΝ** [ʝinekón]
UOMINI	**ΑΝΔΡΩΝ** [ánðron]

T&P BOOKS

DIZIONARIO RIDOTTO

Questa sezione contiene
più di 1.500 termini utili.
Il dizionario include molti
termini gastronomici che
risulteranno utili per ordinare
pietanze al ristorante o per
fare acquisti di genere
alimentare

T&P Books Publishing

INDICE DEL DIZIONARIO

T&P Books Publishing

1. Orario. Calendario

tempo (m)	**χρόνος** (αρ.)	[xrónos]
ora (f)	**ώρα** (θηλ.)	[óra]
mezzora (f)	**μισή ώρα** (θηλ.)	[misí óra]
minuto (m)	**λεπτό** (ουδ.)	[leptó]
secondo (m)	**δευτερόλεπτο** (ουδ.)	[ðefterólepto]
oggi (avv)	**σήμερα**	[símera]
domani	**αύριο**	[ávrio]
ieri (avv)	**χθες, χτες**	[xθes], [xtes]
lunedì (m)	**Δευτέρα** (θηλ.)	[ðeftéra]
martedì (m)	**Τρίτη** (θηλ.)	[tríti]
mercoledì (m)	**Τετάρτη** (θηλ.)	[tetárti]
giovedì (m)	**Πέμπτη** (θηλ.)	[pémpti]
venerdì (m)	**Παρασκευή** (θηλ.)	[paraskeví]
sabato (m)	**Σάββατο** (ουδ.)	[sávato]
domenica (f)	**Κυριακή** (θηλ.)	[kiriakí]
giorno (m)	**μέρα, ημέρα** (θηλ.)	[méra], [iméra]
giorno (m) lavorativo	**εργάσιμη μέρα** (θηλ.)	[erɣásimi méra]
giorno (m) festivo	**αργία** (θηλ.)	[arʝía]
fine (m) settimana	**σαββατοκύριακο** (ουδ.)	[savatokíriako]
settimana (f)	**εβδομάδα** (θηλ.)	[evðomáða]
la settimana scorsa	**την προηγούμενη εβδομάδα**	[tin proiɣúmeni evðomáda]
la settimana prossima	**την επόμενη εβδομάδα**	[tin epómeni evðomáda]
levata (f) del sole	**ανατολή** (θηλ.)	[anatolí]
tramonto (m)	**ηλιοβασίλεμα** (ουδ.)	[iliovasílema]
di mattina	**το πρωί**	[to proí]
nel pomeriggio	**το απόγευμα**	[to apóʝevma]
di sera	**το βράδυ**	[to vráði]
stasera	**απόψε**	[apópse]
di notte	**τη νύχτα**	[ti níxta]
mezzanotte (f)	**μεσάνυχτα** (ουδ.πλ.)	[mesánixta]
gennaio (m)	**Ιανουάριος** (αρ.)	[januários]
febbraio (m)	**Φεβρουάριος** (αρ.)	[fevruários]
marzo (m)	**Μάρτιος** (αρ.)	[mártios]
aprile (m)	**Απρίλιος** (αρ.)	[aprílios]
maggio (m)	**Μάιος** (αρ.)	[májos]
giugno (m)	**Ιούνιος** (αρ.)	[iúnios]
luglio (m)	**Ιούλιος** (αρ.)	[iúlios]

agosto (m)	**Αύγουστος** (αρ.)	[ávɣustos]
settembre (m)	**Σεπτέμβριος** (αρ.)	[septémvrios]
ottobre (m)	**Οκτώβριος** (αρ.)	[októvrios]
novembre (m)	**Νοέμβριος** (αρ.)	[noémvrios]
dicembre (m)	**Δεκέμβριος** (αρ.)	[ðekémvrios]
in primavera	**την άνοιξη**	[tin ániksi]
in estate	**το καλοκαίρι**	[to kalʲokéri]
in autunno	**το φθινόπωρο**	[to fθinóporo]
in inverno	**το χειμώνα**	[to ximóna]
mese (m)	**μήνας** (αρ.)	[mínas]
stagione (f) (estate, ecc.)	**εποχή** (θηλ.)	[epoxí]
anno (m)	**χρόνος** (αρ.)	[xrónos]
secolo (m)	**αιώνας** (αρ.)	[eónas]

2. Numeri. Numerali

cifra (f)	**ψηφίο** (ουδ.)	[psifío]
numero (m)	**αριθμός** (αρ.)	[ariθmós]
meno (m)	**μείον** (ουδ.)	[míon]
più (m)	**συν** (ουδ.)	[sin]
somma (f)	**ποσό** (ουδ.)	[posó]
primo	**πρώτος**	[prótos]
secondo	**δεύτερος**	[ðéfteros]
terzo	**τρίτος**	[trítos]
zero (m)	**μηδέν**	[miðén]
uno	**ένα**	[éna]
due	**δύο**	[ðío]
tre	**τρία**	[tría]
quattro	**τέσσερα**	[tésera]
cinque	**πέντε**	[pénde]
sei	**έξι**	[éksi]
sette	**εφτά**	[eftá]
otto	**οχτώ**	[oxtó]
nove	**εννέα**	[enéa]
dieci	**δέκα**	[ðéka]
undici	**ένδεκα**	[énðeka]
dodici	**δώδεκα**	[ðóðeka]
tredici	**δεκατρία**	[ðekatría]
quattordici	**δεκατέσσερα**	[ðekatésera]
quindici	**δεκαπέντε**	[ðekapénde]
sedici	**δεκαέξι**	[ðekaéksi]
diciassette	**δεκαεφτά**	[ðekaeftá]
diciotto	**δεκαοχτώ**	[ðekaoxtó]

diciannove	δεκαεννέα	[ðekaenéa]
venti	είκοσι	[íkosi]
trenta	τριάντα	[triánda]
quaranta	σαράντα	[saránda]
cinquanta	πενήντα	[penínda]

sessanta	εξήντα	[eksínda]
settanta	εβδομήντα	[evðomínda]
ottanta	ογδόντα	[oɣðónda]
novanta	ενενήντα	[enenínda]
cento	εκατό	[ekató]
duecento	διακόσια	[ðiakósia]
trecento	τριακόσια	[triakósia]
quattrocento	τετρακόσια	[tetrakósia]
cinquecento	πεντακόσια	[pendakósia]

seicento	εξακόσια	[eksakósia]
settecento	εφτακόσια	[eftakósia]
ottocento	οχτακόσια	[oxtakósia]
novecento	εννιακόσια	[eniakósia]
mille	χίλια	[xília]

diecimila	δέκα χιλιάδες	[ðéka xiliáðes]
centomila	εκατό χιλιάδες	[ekató xiliáðes]
milione (m)	εκατομμύριο (ουδ.)	[ekatomírio]
miliardo (m)	δισεκατομμύριο (ουδ.)	[ðisekatomírio]

3. L'uomo. Membri della famiglia

uomo (m) (adulto maschio)	άντρας, άνδρας (αρ.)	[ándras], [ánðras]
giovane (m)	νεαρός (αρ.)	[nearós]
adolescente (m, f)	έφηβος (αρ.)	[éfivos]
donna (f)	γυναίκα (θηλ.)	[ʝinéka]
ragazza (f)	κοπέλα (θηλ.)	[kopélʲa]

età (f)	ηλικία (θηλ.)	[ilikía]
adulto (m)	ενήλικος	[enílikos]
di mezza età	μέσης ηλικίας	[mésis ilikías]
anziano (agg)	ηλικιωμένος	[ilikioménos]
vecchio (agg)	γέρος	[ʝéros]

vecchio (m)	γέρος (αρ.)	[ʝéros]
vecchia (f)	γριά (θηλ.)	[ɣriá]
pensionamento (m)	σύνταξη (θηλ.)	[síndaksi]
andare in pensione	βγαίνω σε σύνταξη	[vʝéno se síndaksi]
pensionato (m)	συνταξιούχος (αρ.)	[sindaksiúxos]

madre (f)	μητέρα (θηλ.)	[mitéra]
padre (m)	πατέρας (αρ.)	[patéras]
figlio (m)	γιός (αρ.)	[ʝos]

figlia (f)	**κόρη** (θηλ.)	[kóri]
fratello (m)	**αδερφός** (αρ.)	[aðerfós]
sorella (f)	**αδερφή** (θηλ.)	[aðerfí]
genitori (m pl)	**γονείς** (αρ.πλ.)	[ɣonís]
bambino (m)	**παιδί** (ουδ.)	[peðí]
bambini (m pl)	**παιδιά** (ουδ.πλ.)	[peðiá]
matrigna (f)	**μητριά** (θηλ.)	[mitriá]
patrigno (m)	**πατριός** (αρ.)	[patriós]
nonna (f)	**γιαγιά** (θηλ.)	[jajá]
nonno (m)	**παππούς** (αρ.)	[papús]
nipote (m) (figlio di un figlio)	**εγγονός** (αρ.)	[engonós]
nipote (f)	**εγγονή** (θηλ.)	[engoní]
nipoti (pl)	**εγγόνια** (ουδ.πλ.)	[engónia]
zio (m)	**θείος** (αρ.)	[θíos]
zia (f)	**θεία** (θηλ.)	[θía]
nipote (m) (figlio di un fratello)	**ανιψιός** (αρ.)	[anipsiós]
nipote (f)	**ανιψιά** (θηλ.)	[anipsiá]
moglie (f)	**γυναίκα** (θηλ.)	[jinéka]
marito (m)	**άνδρας** (αρ.)	[ánðras]
sposato (agg)	**παντρεμένος**	[pandreménos]
sposata (agg)	**παντρεμένη**	[pandreméni]
vedova (f)	**χήρα** (θηλ.)	[xíra]
vedovo (m)	**χήρος** (αρ.)	[xíros]
nome (m)	**όνομα** (ουδ.)	[ónoma]
cognome (m)	**επώνυμο** (ουδ.)	[epónimo]
parente (m)	**συγγενής** (αρ.)	[singenís]
amico (m)	**φίλος** (αρ.)	[fílʲos]
amicizia (f)	**φιλία** (θηλ.)	[filía]
partner (m)	**συνέταιρος** (αρ.)	[sinéteros]
capo (m), superiore (m)	**προϊστάμενος** (αρ.)	[projstámenos]
collega (m)	**συνεργάτης** (αρ.)	[sinerɣátis]
vicini (m pl)	**γείτονες** (αρ.πλ.)	[jítones]

4. Corpo umano. Anatomia

organismo (m)	**οργανισμός** (αρ.)	[orɣanizmós]
corpo (m)	**σώμα** (ουδ.)	[sóma]
cuore (m)	**καρδιά** (θηλ.)	[karðiá]
sangue (m)	**αίμα** (ουδ.)	[éma]
cervello (m)	**εγκέφαλος** (αρ.)	[engéfalʲos]
nervo (m)	**νεύρο** (ουδ.)	[névro]
osso (m)	**οστό** (ουδ.)	[ostó]

scheletro (m)	**σκελετός** (αρ.)	[skeletós]
colonna (f) vertebrale	**σπονδυλική στήλη** (θηλ.)	[sponðilikí stíli]
costola (f)	**πλευρό** (ουδ.)	[plevró]
cranio (m)	**κρανίο** (ουδ.)	[kranío]
muscolo (m)	**μυς** (αρ.)	[mis]
polmoni (m pl)	**πνεύμονες** (αρ.πλ.)	[pnévmones]
pelle (f)	**δέρμα** (ουδ.)	[ðérma]
testa (f)	**κεφάλι** (ουδ.)	[kefáli]
viso (m)	**πρόσωπο** (ουδ.)	[prósopo]
naso (m)	**μύτη** (θηλ.)	[míti]
fronte (f)	**μέτωπο** (ουδ.)	[métopo]
guancia (f)	**μάγουλο** (ουδ.)	[máɣulʲo]
bocca (f)	**στόμα** (ουδ.)	[stóma]
lingua (f)	**γλώσσα** (θηλ.)	[ɣlʲósa]
dente (m)	**δόντι** (ουδ.)	[ðóndi]
labbra (f pl)	**χείλη** (ουδ.πλ.)	[xíli]
mento (m)	**πηγούνι** (ουδ.)	[piɣúni]
orecchio (m)	**αυτί** (ουδ.)	[aftí]
collo (m)	**αυχένας , σβέρκος** (αρ.)	[afxénas], [svérkos]
gola (f)	**λαιμός** (αρ.)	[lemós]
occhio (m)	**μάτι** (ουδ.)	[máti]
pupilla (f)	**κόρη** (θηλ.)	[kóri]
sopracciglio (m)	**φρύδι** (ουδ.)	[fríði]
ciglio (m)	**βλεφαρίδα** (θηλ.)	[vlefaríða]
capelli (m pl)	**μαλλιά** (ουδ.πλ.)	[maliá]
pettinatura (f)	**χτένισμα** (ουδ.)	[xténizma]
baffi (m pl)	**μουστάκι** (ουδ.)	[mustáki]
barba (f)	**μούσι** (ουδ.)	[músi]
portare (~ la barba, ecc.)	**φορώ**	[foró]
calvo (agg)	**φαλακρός**	[falʲakrós]
mano (f)	**χέρι** (ουδ.)	[xéri]
braccio (m)	**χέρι** (ουδ.)	[xéri]
dito (m)	**δάχτυλο** (ουδ.)	[ðáxtilʲo]
unghia (f)	**νύχι** (ουδ.)	[níxi]
palmo (m)	**παλάμη** (θηλ.)	[palʲámi]
spalla (f)	**ώμος** (αρ.)	[ómos]
gamba (f)	**πόδι** (ουδ.)	[póði]
pianta (f) del piede	**πόδι** (ουδ.)	[póði]
ginocchio (m)	**γόνατο** (ουδ.)	[ɣónato]
tallone (m)	**φτέρνα** (θηλ.)	[ftérna]
schiena (f)	**πλάτη** (θηλ.)	[plʲáti]
vita (f)	**οσφύς** (θηλ.)	[osfís]
neo (m)	**ελιά** (θηλ.)	[eliá]
voglia (f) (~ di fragola)	**σημάδι εκ γενετής** (ουδ.)	[simáði ek ʝenetís]

5. Medicinali. Malattie. Farmaci

salute (f)	**υγεία** (θηλ.)	[ijía]
sano (agg)	**υγιής**	[ijiís]
malattia (f)	**αρρώστια** (θηλ.)	[aróstia]
essere malato	**είμαι άρρωστος**	[íme árostos]
malato (agg)	**άρρωστος**	[árostos]
raffreddore (m)	**κρυολόγημα** (ουδ.)	[krioljójima]
raffreddarsi (vr)	**κρυολογώ**	[krioljoɣó]
tonsillite (f)	**αμυγδαλίτιδα** (θηλ.)	[amiɣðalítiða]
polmonite (f)	**πνευμονία** (θηλ.)	[pnevmonía]
influenza (f)	**γρίπη** (θηλ.)	[ɣrípi]
raffreddore (m)	**συνάχι** (ουδ.)	[sináxi]
tosse (f)	**βήχας** (αρ.)	[víxas]
tossire (vi)	**βήχω**	[víxo]
starnutire (vi)	**φτερνίζομαι**	[fternízome]
ictus (m) cerebrale	**αποπληξία** (θηλ.)	[apopliksía]
attacco (m) di cuore	**έμφραγμα** (ουδ.)	[émfraɣma]
allergia (f)	**αλλεργία** (θηλ.)	[alerjía]
asma (f)	**άσθμα** (ουδ.)	[ásθma]
diabete (m)	**διαβήτης** (αρ.)	[ðiavítis]
tumore (m)	**όγκος** (αρ.)	[óngos]
cancro (m)	**καρκίνος** (αρ.)	[karkínos]
alcolismo (m)	**αλκοολισμός** (αρ.)	[aljkoolizmós]
AIDS (m)	**AIDS** (ουδ.)	[ejds]
febbre (f)	**πυρετός** (αρ.)	[piretós]
mal (m) di mare	**ναυτία** (θηλ.)	[naftía]
livido (m)	**μελανιά** (θηλ.)	[meljaniá]
bernoccolo (m)	**καρούμπαλο** (ουδ.)	[karúmbaljo]
zoppicare (vi)	**κουτσαίνω**	[kutséno]
slogatura (f)	**εξάρθρημα** (ουδ.)	[eksárθrima]
slogarsi (vr)	**εξαρθρώνω**	[eksaθróno]
frattura (f)	**κάταγμα** (ουδ.)	[kátaɣma]
scottatura (f)	**έγκαυμα** (ουδ.)	[éngavma]
ferita (f)	**τραυματισμός** (αρ.)	[travmatizmós]
dolore (m), male (m)	**πόνος** (αρ.)	[pónos]
mal (m) di denti	**πονόδοντος** (αρ.)	[ponóðondos]
sudare (vi)	**ιδρώνω**	[iðróno]
sordo (agg)	**κουφός, κωφός**	[kufós], [kofós]
muto (agg)	**μουγγός**	[mungós]
immunità (f)	**ανοσία** (θηλ.)	[anosía]
virus (m)	**ιός** (αρ.)	[jos]
microbo (m)	**μικρόβιο** (ουδ.)	[mikróvio]

| batterio (m) | βακτήριο (ουδ.) | [vaktírio] |
| infezione (f) | μόλυνση (θηλ.) | [mólinsi] |

ospedale (m)	νοσοκομείο (ουδ.)	[nosokomío]
cura (f)	θεραπεία (θηλ.)	[θerapía]
vaccinare (vt)	εμβολιάζω	[emvoliázo]
essere in coma	βρίσκομαι σε κώμα	[vrískome se kóma]
rianimazione (f)	εντατική (θηλ.)	[endatikí]
sintomo (m)	σύμπτωμα (ουδ.)	[símptoma]
polso (m)	παλμός (αρ.)	[palʲmós]

6. Sentimenti. Emozioni. Conversazione

io	εγώ	[eɣó]
tu	εσύ	[esí]
lui	αυτός	[aftós]
lei	αυτή	[aftí]
esso	αυτό	[aftó]

| noi | εμείς | [emís] |
| voi | εσείς | [esís] |

Salve!	Γεια σου!	[ja su]
Buongiorno!	Γεια σας!	[ja sas]
Buongiorno! (la mattina)	Καλημέρα!	[kaliméra]
Buon pomeriggio!	Καλό απόγευμα!	[kalʲó apójevma]
Buonasera!	Καλησπέρα!	[kalispéra]

salutare (vt)	χαιρετώ	[xeretó]
salutare (vt)	χαιρετώ	[xeretó]
Grazie!	Ευχαριστώ!	[efxaristó]

sentimenti (m pl)	αισθήματα (ουδ.πλ.)	[esθímata]
avere fame	πεινάω	[pináo]
avere sete	διψάω	[ðipsáo]
stanco (agg)	κουρασμένος	[kurazménos]

essere preoccupato	ανησυχώ	[anisixó]
essere nervoso	αγχώνομαι	[anxónome]
speranza (f)	ελπίδα (θηλ.)	[elʲpíða]
sperare (vi, vt)	ελπίζω	[elʲpízo]

carattere (m)	χαρακτήρας (αρ.)	[xaraktíras]
modesto (agg)	σεμνός	[semnós]
pigro (agg)	τεμπέλης	[tembélis]
generoso (agg)	γενναιόδωρος	[jeneóðoros]
di talento	ταλαντούχος	[talʲandúxos]

| onesto (agg) | τίμιος | [tímios] |
| serio (agg) | σοβαρός | [sovarós] |

timido (agg)	**άτολμος**	[átolʲmos]
sincero (agg)	**ειλικρινής**	[ilikrinís]
codardo (m)	**δειλός**	[ðilʲós]
dormire (vi)	**κοιμάμαι**	[kimáme]
sogno (m)	**όνειρο** (ουδ.)	[óniro]
letto (m)	**κρεβάτι** (ουδ.)	[kreváti]
cuscino (m)	**μαξιλάρι** (ουδ.)	[maksilʲári]
insonnia (f)	**αϋπνία** (θηλ.)	[aipnía]
andare a letto	**πηγαίνω για ύπνο**	[piʝéno ʝa ípno]
incubo (m)	**εφιάλτης** (αρ.)	[efiálʲtis]
sveglia (f)	**ξυπνητήρι** (ουδ.)	[ksipnitíri]
sorriso (m)	**χαμόγελο** (ουδ.)	[xamóʝelʲo]
sorridere (vi)	**χαμογελάω**	[xamoʝelʲáo]
ridere (vi)	**γελάω**	[ʝelʲáo]
litigio (m)	**τσακωμός** (αρ.)	[tsakomós]
insulto (m)	**προσβολή** (θηλ.)	[prozvolí]
offesa (f)	**πίκρα** (θηλ.)	[píkra]
arrabbiato (agg)	**θυμωμένος**	[θimoménos]

7. Abbigliamento. Accessori personali

vestiti (m pl)	**ενδύματα** (ουδ.πλ.)	[enðímata]
cappotto (m)	**παλτό** (ουδ.)	[palʲtó]
pelliccia (f)	**γούνα** (θηλ.)	[ɣúna]
giubbotto (m), giaccha (f)	**μπουφάν** (ουδ.)	[bufán]
impermeabile (m)	**αδιάβροχο** (ουδ.)	[aðiávroxo]
camicia (f)	**πουκάμισο** (ουδ.)	[pukámiso]
pantaloni (m pl)	**παντελόνι** (ουδ.)	[pandelʲóni]
giacca (f) (~ di tweed)	**σακάκι** (ουδ.)	[sakáki]
abito (m) da uomo	**κοστούμι** (ουδ.)	[kostúmi]
abito (m)	**φόρεμα** (ουδ.)	[fórema]
gonna (f)	**φούστα** (θηλ.)	[fústa]
maglietta (f)	**μπλουζάκι** (ουδ.)	[blʲuzáki]
accappatoio (m)	**μπουρνούζι** (ουδ.)	[burnúzi]
pigiama (m)	**πιτζάμα** (θηλ.)	[pidzáma]
tuta (f) da lavoro	**τα ρούχα της δουλειάς** (ουδ.πλ.)	[ta rúxa tis ðuliás]
biancheria (f) intima	**εσώρουχα** (ουδ.πλ.)	[esóruxa]
calzini (m pl)	**κάλτσες** (θηλ.πλ.)	[kálʲtses]
reggiseno (m)	**σουτιέν** (ουδ.)	[sutién]
collant (m)	**καλτσόν** (ουδ.)	[kalʲtsón]
calze (f pl)	**κάλτσες** (θηλ.πλ.)	[kálʲtses]
costume (m) da bagno	**μαγιό** (ουδ.)	[maʝió]
cappello (m)	**καπέλο** (ουδ.)	[kapélʲo]

calzature (f pl)	υποδήματα (ουδ.πλ.)	[ipoðímata]
stivali (m pl)	μπότες (θηλ.πλ.)	[bótes]
tacco (m)	τακούνι (ουδ.)	[takúni]
laccio (m)	κορδόνι (ουδ.)	[korðóni]
lucido (m) per le scarpe	κρέμα παπουτσιών (θηλ.)	[kréma paputsión]

cotone (m)	βαμβάκι (ουδ.)	[vamváki]
lana (f)	μαλλί (ουδ.)	[malí]
pelliccia (f)	γούνα (θηλ.)	[ɣúna]

guanti (m pl)	γάντια (ουδ.πλ.)	[ɣándia]
sciarpa (f)	κασκόλ (ουδ.)	[kaskólʲ]
occhiali (m pl)	γυαλιά (ουδ.πλ.)	[ʝaliá]
ombrello (m)	ομπρέλα (θηλ.)	[ombrélʲa]

cravatta (f)	γραβάτα (θηλ.)	[ɣraváta]
fazzoletto (m)	μαντήλι (ουδ.)	[mandíli]
pettine (m)	χτένα (θηλ.)	[xténa]
spazzola (f) per capelli	βούρτσα (θηλ.)	[vúrtsa]
fibbia (f)	πόρπη (θηλ.)	[pórpi]
cintura (f)	ζώνη (θηλ.)	[zóni]
borsetta (f)	τσάντα (θηλ.)	[tsánda]

collo (m)	γιακάς (αρ.)	[ʝakás]
tasca (f)	τσέπη (θηλ.)	[tsépi]
manica (f)	μανίκι (ουδ.)	[maníki]
patta (f) (~ dei pantaloni)	φερμουάρ (ουδ.)	[fermuár]

cerniera (f) lampo	φερμουάρ (ουδ.)	[fermuár]
bottone (m)	κουμπί (ουδ.)	[kumbí]
sporcarsi (vr)	λερώνομαι	[lerónome]
macchia (f)	λεκές (αρ.)	[lekés]

8. Città. Servizi cittadini

negozio (m)	κατάστημα (ουδ.)	[katástima]
centro (m) commerciale	εμπορικό κέντρο (ουδ.)	[emborikó kéndro]
supermercato (m)	σουπερμάρκετ (ουδ.)	[supermárket]
negozio (m) di scarpe	κατάστημα παπουτσιών (ουδ.)	[katástima paputsión]
libreria (f)	βιβλιοπωλείο (ουδ.)	[vivliopolío]

farmacia (f)	φαρμακείο (ουδ.)	[farmakío]
panetteria (f)	αρτοπωλείο (ουδ.)	[artopolío]
pasticceria (f)	ζαχαροπλαστείο (ουδ.)	[zaxaroplʲastío]
drogheria (f)	μπακάλικο (ουδ.)	[bakáliko]
macelleria (f)	κρεοπωλείο (ουδ.)	[kreopolío]
fruttivendolo (m)	μανάβικο (ουδ.)	[manáviko]
mercato (m)	αγορά, λαϊκή (θηλ.)	[aɣorá], [lʲajkí]
salone (m) di parrucchiere	κομμωτήριο (ουδ.)	[komotírio]

ufficio (m) postale	**ταχυδρομείο** (ουδ.)	[taxiðromío]
lavanderia (f) a secco	**στεγνοκαθαριστήριο** (ουδ.)	[steɣnokaθaristírio]
circo (m)	**τσίρκο** (ουδ.)	[tsírko]
zoo (m)	**ζωολογικός κήπος** (αρ.)	[zoolʲoʝikós kípos]
teatro (m)	**θέατρο** (ουδ.)	[θéatro]
cinema (m)	**κινηματογράφος** (αρ.)	[kinimatoɣráfos]
museo (m)	**μουσείο** (ουδ.)	[musío]
biblioteca (f)	**βιβλιοθήκη** (θηλ.)	[vivlioθíki]
moschea (f)	**τζαμί** (ουδ.)	[dzamí]
sinagoga (f)	**συναγωγή** (θηλ.)	[sinaɣoʝí]
cattedrale (f)	**καθεδρικός** (αρ.)	[kaθeðrikós]
tempio (m)	**ναός** (αρ.)	[naós]
chiesa (f)	**εκκλησία** (θηλ.)	[eklisía]
istituto (m)	**πανεπιστήμιο** (ουδ.)	[panepistímio]
università (f)	**πανεπιστήμιο** (ουδ.)	[panepistímio]
scuola (f)	**σχολείο** (ουδ.)	[sxolío]
albergo, hotel (m)	**ξενοδοχείο** (ουδ.)	[ksenoðoxío]
banca (f)	**τράπεζα** (θηλ.)	[trápeza]
ambasciata (f)	**πρεσβεία** (θηλ.)	[prezvía]
agenzia (f) di viaggi	**ταξιδιωτικό γραφείο** (ουδ.)	[taksiðiotikó ɣrafío]
metropolitana (f)	**μετρό** (ουδ.)	[metró]
ospedale (m)	**νοσοκομείο** (ουδ.)	[nosokomío]
distributore (m) di benzina	**βενζινάδικο** (ουδ.)	[venzináðiko]
parcheggio (m)	**πάρκινγκ** (ουδ.)	[párking]
ENTRATA	**ΕΙΣΟΔΟΣ**	[ísoðos]
USCITA	**ΕΞΟΔΟΣ**	[éksoðos]
SPINGERE	**ΩΘΗΣΑΤΕ**	[oθísate]
TIRARE	**ΕΛΞΑΤΕ**	[élʲksate]
APERTO	**ΑΝΟΙΚΤΟ**	aníkto
CHIUSO	**ΚΛΕΙΣΤΟ**	[klísto]
monumento (m)	**μνημείο** (ουδ.)	[mnimío]
fortezza (f)	**φρούριο** (ουδ.)	[frúrio]
palazzo (m)	**παλάτι** (ουδ.)	[palʲáti]
medievale (agg)	**μεσαιωνικός**	[meseonikós]
antico (agg)	**αρχαίος**	[arxéos]
nazionale (agg)	**εθνικός**	[eθnikós]
famoso (agg)	**διάσημος**	[ðiásimos]

9. Denaro. Mezzi finanziari

soldi (m pl)	**χρήματα** (ουδ.πλ.)	[xrímata]
moneta (f)	**κέρμα** (ουδ.)	[kérma]
dollaro (m)	**δολάριο** (ουδ.)	[ðolʲário]

euro (m)	**ευρώ** (ουδ.)	[evró]
bancomat (m)	**ATM** (ουδ.)	[eitiém]
ufficio (m) dei cambi	**ανταλλακτήριο συναλλάγματος** (ουδ.)	[andalʲaktírio sinalʲáɣmatos]
corso (m) di cambio	**ισοτιμία** (θηλ.)	[isotimía]
contanti (m pl)	**μετρητά** (ουδ.πλ.)	[metritá]
Quanto?	**Πόσο κάνει;**	póso káni?
pagare (vi, vt)	**πληρώνω**	[pliróno]
pagamento (m)	**αμοιβή** (θηλ.)	[amiví]
resto (m) (dare il ~)	**ρέστα** (ουδ.πλ.)	[résta]
prezzo (m)	**τιμή** (θηλ.)	[timí]
sconto (m)	**έκπτωση** (θηλ.)	[ékptosi]
a buon mercato	**φτηνός**	[ftinós]
caro (agg)	**ακριβός**	[akrivós]
banca (f)	**τράπεζα** (θηλ.)	[trápeza]
conto (m)	**λογαριασμός** (αρ.)	[lʲoɣariazmós]
carta (f) di credito	**πιστωτική κάρτα** (θηλ.)	[pistotikí kárta]
assegno (m)	**επιταγή** (θηλ.)	[epitaʝí]
emettere un assegno	**κόβω επιταγή**	[kóvo epitaʝí]
libretto (m) di assegni	**βιβλιάριο επιταγών** (ουδ.)	[vivliário epitaɣón]
debito (m)	**χρέος** (ουδ.)	[xréos]
debitore (m)	**χρεώστης** (αρ.)	[xreóstis]
prestare (~ i soldi)	**δανείζω**	[ðanízo]
prendere in prestito	**δανείζομαι**	[ðanízome]
noleggiare (~ un abito)	**νοικιάζω**	[nikiázo]
a credito	**με πίστωση**	[me pístosi]
portafoglio (m)	**πορτοφόλι** (ουδ.)	[portofóli]
cassaforte (f)	**χρηματοκιβώτιο** (ουδ.)	[xrimatokivótio]
eredità (f)	**κληρονομιά** (θηλ.)	[klironomiá]
fortuna (f)	**περιουσία** (θηλ.)	[periusía]
imposta (f)	**φόρος** (αρ.)	[fóros]
multa (f), ammenda (f)	**πρόστιμο** (ουδ.)	[próstimo]
multare (vt)	**επιβάλλω πρόστιμο**	[epiválʲo próstimo]
all'ingrosso (agg)	**χοντρικός**	[xondrikós]
al dettaglio (agg)	**λιανικός**	[lianikós]
assicurare (vt)	**ασφαλίζω**	[asfalízo]
assicurazione (f)	**ασφάλεια** (θηλ.)	[asfália]
capitale (m)	**κεφάλαιο** (ουδ.)	[kefáleo]
giro (m) di affari	**τζίρος** (αρ.)	[dzíros]
azione (f)	**μετοχή** (θηλ.)	[metoxí]
profitto (m)	**κέρδος** (ουδ.)	[kérðos]
redditizio (agg)	**κερδοφόρος**	[kerðofóros]
crisi (f)	**κρίση** (θηλ.)	[krísi]
bancarotta (f)	**χρεοκοπία** (θηλ.)	[xreokopía]

fallire (vi)	**χρεοκοπώ**	[xreokopó]
contabile (m)	**λογιστής** (αρ.)	[lʲoʝistís]
stipendio (m)	**μισθός** (αρ.)	[misθós]
premio (m)	**μπόνους** (ουδ.)	[bónus]

10. Trasporto

autobus (m)	**λεωφορείο** (ουδ.)	[leoforío]
tram (m)	**τραμ** (ουδ.)	[tram]
filobus (m)	**τρόλεϊ** (ουδ.)	[trólej]
andare in ...	**πηγαίνω με ...**	[piʝéno me]
salire (~ sull'autobus)	**ανεβαίνω**	[anevéno]
scendere da ...	**κατεβαίνω**	[katevéno]
fermata (f) (~ dell'autobus)	**στάση** (θηλ.)	[stási]
capolinea (m)	**τερματικός σταθμός** (αρ.)	[termatikós staθmós]
orario (m)	**δρομολόγιο** (ουδ.)	[ðromolʲóʝo]
biglietto (m)	**εισιτήριο** (ουδ.)	[isitírio]
essere in ritardo	**καθυστερώ**	[kaθisteró]
taxi (m)	**ταξί** (ουδ.)	[taksí]
in taxi	**με ταξί**	[me taksí]
parcheggio (m) di taxi	**πιάτσα ταξί** (θηλ.)	[piátsa taksí]
traffico (m)	**κίνηση** (θηλ.)	[kínisi]
ore (f pl) di punta	**ώρα αιχμής** (θηλ.)	[óra exmís]
parcheggiarsi (vr)	**παρκάρω**	[parkáro]
metropolitana (f)	**μετρό** (ουδ.)	[metró]
stazione (f)	**σταθμός** (αρ.)	[staθmós]
treno (m)	**τραίνο, τρένο** (ουδ.)	[tréno]
stazione (f) ferroviaria	**σιδηροδρομικός σταθμός** (αρ.)	[siðiroðromikós staθmós]
rotaie (f pl)	**ράγες** (θηλ.πλ.)	[ráʝes]
scompartimento (m)	**κουπέ** (ουδ.)	[kupé]
cuccetta (f)	**κουκέτα** (θηλ.)	[kukéta]
aereo (m)	**αεροπλάνο** (ουδ.)	[aeroplʲáno]
biglietto (m) aereo	**αεροπορικό εισιτήριο** (ουδ.)	[aeroporikó isitírio]
compagnia (f) aerea	**αεροπορική εταιρεία** (θηλ.)	[aeroporikí etería]
aeroporto (m)	**αεροδρόμιο** (ουδ.)	[aeroðrómio]
volo (m)	**πέταγμα** (ουδ.)	[pétaɣma]
bagaglio (m)	**αποσκευές** (θηλ.πλ.)	[aposkevés]
carrello (m)	**καρότσι αποσκευών** (ουδ.)	[karótsi aposkevón]
nave (f)	**πλοίο** (ουδ.)	[plío]
transatlantico (m)	**κρουαζιερόπλοιο** (ουδ.)	[kruazieróplio]

yacht (m)	**κότερο** (ουδ.)	[kótero]
barca (f)	**βάρκα** (θηλ.)	[várka]
capitano (m)	**καπετάνιος** (αρ.)	[kapetánios]
cabina (f)	**καμπίνα** (θηλ.)	[kabína]
porto (m)	**λιμάνι** (ουδ.)	[limáni]
bicicletta (f)	**ποδήλατο** (ουδ.)	[poðílato]
motorino (m)	**σκούτερ** (ουδ.)	[skúter]
motocicletta (f)	**μοτοσυκλέτα** (θηλ.)	[motosikléta]
pedale (m)	**πεντάλ** (ουδ.)	[pedál]
pompa (f)	**τρόμπα** (θηλ.)	[trómba]
ruota (f)	**τροχός** (αρ.)	[troxós]
automobile (f)	**αυτοκίνητο** (ουδ.)	[aftokínito]
ambulanza (f)	**ασθενοφόρο** (ουδ.)	[asθenofóro]
camion (m)	**φορτηγό** (ουδ.)	[fortiɣó]
di seconda mano	**μεταχειρισμένος**	[metaxirizménos]
incidente (m)	**σύγκρουση** (θηλ.)	[síngrusi]
riparazione (f)	**επισκευή** (θηλ.)	[episkeví]

11. Cibo. Parte 1

carne (f)	**κρέας** (ουδ.)	[kréas]
pollo (m)	**κότα** (θηλ.)	[kóta]
anatra (f)	**πάπια** (θηλ.)	[pápia]
maiale (m)	**χοιρινό κρέας** (ουδ.)	[xirinó kréas]
vitello (m)	**μοσχαρίσιο κρέας** (ουδ.)	[mosxarísio kréas]
agnello (m)	**αρνήσιο κρέας** (ουδ.)	[arnísio kréas]
manzo (m)	**βοδινό κρέας** (ουδ.)	[voðinó kréas]
salame (m)	**λουκάνικο** (ουδ.)	[lʲukániko]
uovo (m)	**αυγό** (ουδ.)	[avɣó]
pesce (m)	**ψάρι** (ουδ.)	[psári]
formaggio (m)	**τυρί** (ουδ.)	[tirí]
zucchero (m)	**ζάχαρη** (θηλ.)	[záxari]
sale (m)	**αλάτι** (ουδ.)	[alʲáti]
riso (m)	**ρύζι** (ουδ.)	[rízi]
pasta (f)	**ζυμαρικά** (ουδ.πλ.)	[zimariká]
burro (m)	**βούτυρο** (ουδ.)	[vútiro]
olio (m) vegetale	**φυτικό λάδι** (ουδ.)	[fitikó lʲáði]
pane (m)	**ψωμί** (ουδ.)	[psomí]
cioccolato (m)	**σοκολάτα** (θηλ.)	[sokolʲáta]
vino (m)	**κρασί** (ουδ.)	[krasí]
caffè (m)	**καφές** (αρ.)	[kafés]
latte (m)	**γάλα** (ουδ.)	[ɣálʲa]
succo (m)	**χυμός** (αρ.)	[ximós]

birra (f)	**μπύρα** (θηλ.)	[bíra]
tè (m)	**τσάι** (ουδ.)	[tsáj]
pomodoro (m)	**ντομάτα** (θηλ.)	[domáta]
cetriolo (m)	**αγγούρι** (ουδ.)	[angúri]
carota (f)	**καρότο** (ουδ.)	[karóto]
patata (f)	**πατάτα** (θηλ.)	[patáta]
cipolla (f)	**κρεμμύδι** (ουδ.)	[kremíði]
aglio (m)	**σκόρδο** (ουδ.)	[skórðo]
cavolo (m)	**λάχανο** (ουδ.)	[lʲáxano]
barbabietola (f)	**παντζάρι** (ουδ.)	[pandzári]
melanzana (f)	**μελιτζάνα** (θηλ.)	[melidzána]
aneto (m)	**άνηθος** (αρ.)	[áni θos]
lattuga (f)	**μαρούλι** (ουδ.)	[marúli]
mais (m)	**καλαμπόκι** (ουδ.)	[kalʲambóki]
frutto (m)	**φρούτο** (ουδ.)	[frúto]
mela (f)	**μήλο** (ουδ.)	[mílʲo]
pera (f)	**αχλάδι** (ουδ.)	[axlʲáði]
limone (m)	**λεμόνι** (ουδ.)	[lemóni]
arancia (f)	**πορτοκάλι** (ουδ.)	[portokáli]
fragola (f)	**φράουλα** (θηλ.)	[fráulʲa]
prugna (f)	**δαμάσκηνο** (ουδ.)	[ðamáskino]
lampone (m)	**σμέουρο** (ουδ.)	[zméuro]
ananas (m)	**ανανάς** (αρ.)	[ananás]
banana (f)	**μπανάνα** (θηλ.)	[banána]
anguria (f)	**καρπούζι** (ουδ.)	[karpúzi]
uva (f)	**σταφύλι** (ουδ.)	[stafíli]
melone (m)	**πεπόνι** (ουδ.)	[pepóni]

12. Cibo. Parte 2

cucina (f)	**κουζίνα** (θηλ.)	[kuzína]
ricetta (f)	**συνταγή** (θηλ.)	[sindaʝí]
cibo (m)	**τροφή** (θηλ.), **φαγητό** (ουδ.)	[trofí], [faʝitó]
fare colazione	**παίρνω πρωινό**	[pérno proinó]
pranzare (vi)	**τρώω μεσημεριανό**	[tróo mesimerianó]
cenare (vi)	**τρώω βραδινό**	[tróo vraðinó]
gusto (m)	**γεύση** (θηλ.)	[ʝéfsi]
buono, gustoso (agg)	**νόστιμος**	[nóstimos]
freddo (agg)	**κρύος**	[kríos]
caldo (agg)	**ζεστός**	[zestós]
dolce (gusto)	**γλυκός**	[ɣlikós]
salato (agg)	**αλμυρός**	[alʲmirós]
panino (m)	**σάντουιτς** (ουδ.)	[sánduits]
contorno (m)	**συνοδευτικό πιάτο** (ουδ.)	[sinoðeftikó piáto]

ripieno (m)	**γέμιση** (θηλ.)	[jémisi]
salsa (f)	**σάλτσα** (θηλ.)	[sálʲtsa]
pezzo (m) (~ di torta)	**κομμάτι** (ουδ.)	[komáti]
dieta (f)	**δίαιτα** (θηλ.)	[ðíeta]
vitamina (f)	**βιταμίνη** (θηλ.)	[vitamíni]
caloria (f)	**θερμίδα** (θηλ.)	[θermíða]
vegetariano (m)	**χορτοφάγος** (αρ.)	[xortofáɣos]
ristorante (m)	**εστιατόριο** (ουδ.)	[estiatório]
caffè (m)	**καφετέρια** (θηλ.)	[kafetéria]
appetito (m)	**όρεξη** (θηλ.)	[óreksi]
Buon appetito!	**Καλή όρεξη!**	[kalí óreksi]
cameriere (m)	**σερβιτόρος** (αρ.)	[servitóros]
cameriera (f)	**σερβιτόρα** (θηλ.)	[servitóra]
barista (m)	**μπάρμαν** (αρ.)	[bárman]
menù (m)	**κατάλογος** (αρ.)	[katálʲoɣos]
cucchiaio (m)	**κουτάλι** (ουδ.)	[kutáli]
coltello (m)	**μαχαίρι** (ουδ.)	[maxéri]
forchetta (f)	**πιρούνι** (ουδ.)	[pirúni]
tazza (f)	**φλιτζάνι** (ουδ.)	[flidzáni]
piatto (m)	**πιάτο** (ουδ.)	[piáto]
piattino (m)	**πιατάκι** (ουδ.)	[piatáki]
tovagliolo (m)	**χαρτοπετσέτα** (θηλ.)	[xartopetséta]
stuzzicadenti (m)	**οδοντογλυφίδα** (θηλ.)	[oðondoɣlifíða]
ordinare (~ il pranzo)	**παραγγέλνω**	[parangélʲno]
piatto (m) (~ principale)	**πιάτο** (ουδ.)	[piáto]
porzione (f)	**μερίδα** (θηλ.)	[meríða]
antipasto (m)	**ορεκτικό** (ουδ.)	[orektikó]
insalata (f)	**σαλάτα** (θηλ.)	[salʲáta]
minestra (f)	**σούπα** (θηλ.)	[súpa]
dolce (m)	**επιδόρπιο** (ουδ.)	[epiðórpio]
marmellata (f)	**μαρμελάδα** (θηλ.)	[marmelʲáða]
gelato (m)	**παγωτό** (ουδ.)	[paɣotó]
conto (m)	**λογαριασμός** (αρ.)	[lʲoɣariazmós]
pagare il conto	**πληρώνω λογαριασμό**	[pliróno lʲoɣariazmó]
mancia (f)	**πουρμπουάρ** (ουδ.)	[purbuár]

13. Casa. Appartamento. Parte 1

casa (f)	**σπίτι** (ουδ.)	[spíti]
casa (f) di campagna	**εξωχικό** (ουδ.)	[eksoxikó]
villa (f)	**βίλα** (θηλ.)	[vílʲa]
piano (m)	**όροφος** (αρ.)	[órofos]
entrata (f)	**είσοδος** (θηλ.)	[ísoðos]

muro (m)	**τοίχος** (αρ.)	[tíxos]
tetto (m)	**στέγη** (θηλ.)	[stéʝi]
ciminiera (f)	**καμινάδα** (θηλ.)	[kamináða]
soffitta (f)	**σοφίτα** (θηλ.)	[sofíta]
finestra (f)	**παράθυρο** (ουδ.)	[paráθiro]
davanzale (m)	**περβάζι** (ουδ.)	[pervázi]
balcone (m)	**μπαλκόνι** (ουδ.)	[balʲkóni]
scala (f)	**σκάλα** (θηλ.)	[skálʲa]
cassetta (f) della posta	**γραμματοκιβώτιο** (ουδ.)	[ɣramatokivótio]
secchio (m) della spazzatura	**σκουπιδοτενεκές** (αρ.)	[skupiðotenekés]
ascensore (m)	**ασανσέρ** (ουδ.)	[asansér]
elettricità (f)	**ηλεκτρισμός** (αρ.)	[ilektrizmós]
lampadina (f)	**λάμπα** (θηλ.)	[lʲámba]
interruttore (m)	**διακόπτης** (αρ.)	[ðiakóptis]
presa (f) elettrica	**πρίζα** (θηλ.)	[príza]
fusibile (m)	**ασφάλεια** (θηλ.)	[asfália]
porta (f)	**πόρτα** (θηλ.)	[pórta]
maniglia (f)	**χερούλι** (ουδ.)	[xerúli]
chiave (f)	**κλειδί** (ουδ.)	[kliðí]
zerbino (m)	**χαλάκι** (ουδ.)	[xalʲáki]
serratura (f)	**κλειδαριά** (θηλ.)	[kliðariá]
campanello (m)	**κουδούνι** (ουδ.)	[kuðúni]
bussata (f)	**χτύπημα** (ουδ.)	[xtípima]
bussare (vi)	**χτυπάω**	[xtipáo]
spioncino (m)	**ματάκι** (ουδ.)	[matáki]
cortile (m)	**αυλή** (θηλ.)	[avlí]
giardino (m)	**κήπος** (αρ.)	[kípos]
piscina (f)	**πισίνα** (θηλ.)	[pisína]
palestra (f)	**γυμναστήριο** (ουδ.)	[ʝimnastírio]
campo (m) da tennis	**γήπεδο τένις** (ουδ.)	[ʝípeðo ténis]
garage (m)	**γκαράζ** (ουδ.)	[garáz]
proprietà (f) privata	**ιδωτική ιδιοκτησία** (θηλ.)	[iðotikí iðioktisía]
cartello (m) di avvertimento	**προειδοποιητικό σήμα** (ουδ.)	[proiðopoiitikó síma]
sicurezza (f)	**ασφάλεια** (θηλ.)	[asfália]
guardia (f) giurata	**φρουρός** (αρ.)	[fílʲakas]
lavori (m pl) di restauro	**ανακαίνιση** (θηλ.)	[anakénisi]
rinnovare (ridecorare)	**κάνω ανακαίνιση**	[káno anakénisi]
mettere in ordine	**τακτοποιώ**	[taktopió]
pitturare (~ un muro)	**βάφω**	[váfo]
carta (f) da parati	**ταπετσαρία** (θηλ.)	[tapetsaría]
verniciare (vt)	**βερνικώνω**	[vernikóno]
tubo (m)	**σωλήνας** (αρ.)	[solínas]

strumenti (m pl)	**εργαλεία** (ουδ.πλ.)	[erɣalía]
seminterrato (m)	**υπόγειο** (ουδ.)	[ipójio]
fognatura (f)	**αποχέτευση** (θηλ.)	[apoxétefsi]

14. Casa. Appartamento. Parte 2

appartamento (m)	**διαμέρισμα** (ουδ.)	[ðiamérizma]
camera (f), stanza (f)	**δωμάτιο** (ουδ.)	[ðomátio]
camera (f) da letto	**υπνοδωμάτιο** (ουδ.)	[ipnoðomátio]
sala (f) da pranzo	**τραπεζαρία** (θηλ.)	[trapezaría]

salotto (m)	**σαλόνι** (ουδ.)	[salʲóni]
studio (m)	**γραφείο** (ουδ.)	[ɣrafío]
ingresso (m)	**χωλ** (ουδ.)	[xolʲ]
bagno (m)	**μπάνιο** (ουδ.)	[bánio]
gabinetto (m)	**τουαλέτα** (θηλ.)	[tualéta]

pavimento (m)	**πάτωμα** (ουδ.)	[pátoma]
soffitto (m)	**ταβάνι** (ουδ.)	[taváni]

spolverare (vt)	**ξεσκονίζω**	[kseskonízo]
aspirapolvere (m)	**ηλεκτρική σκούπα** (θηλ.)	[ilektrikí skúpa]
passare l'aspirapolvere	**σκουπίζω με την ηλεκτρική**	[skupízo me tin ilektrikí]

frettazzo (m)	**σφουγγαρίστρα** (θηλ.)	[sfungarístra]
strofinaccio (m)	**πατσαβούρα** (θηλ.)	[patsavúra]
scopa (f)	**μικρή σκούπα** (θηλ.)	[mikrí skúpa]
paletta (f)	**φαράσι** (ουδ.)	[farási]
mobili (m pl)	**έπιπλα** (ουδ.πλ.)	[épiplʲa]
tavolo (m)	**τραπέζι** (ουδ.)	[trapézi]
sedia (f)	**καρέκλα** (θηλ.)	[karéklʲa]
poltrona (f)	**πολυθρόνα** (θηλ.)	[poliθróna]

libreria (f)	**βιβλιοθήκη** (θηλ.)	[vivlioθíki]
ripiano (m)	**ράφι** (ουδ.)	[ráfi]
armadio (m)	**ντουλάπα** (θηλ.)	[dulʲápa]

specchio (m)	**καθρέφτης** (αρ.)	[kaθréftis]
tappeto (m)	**χαλί** (ουδ.)	[xalí]
camino (m)	**τζάκι** (ουδ.)	[dzáki]
tende (f pl)	**κουρτίνες** (θηλ.πλ.)	[kurtínes]
lampada (f) da tavolo	**επιτραπέζιο φωτιστικό** (ουδ.)	[epitrapézio fotistikó]

lampadario (m)	**πολυέλαιος** (αρ.)	[poliéleos]
cucina (f)	**κουζίνα** (θηλ.)	[kuzína]
fornello (m) a gas	**κουζίνα με γκάζι** (θηλ.)	[kuzína me gázi]
fornello (m) elettrico	**ηλεκτρική κουζίνα** (θηλ.)	[ilektrikí kuzína]
forno (m) a microonde	**φούρνος μικροκυμάτων** (αρ.)	[fúrnos mikrokimáton]

frigorifero (m)	**ψυγείο** (ουδ.)	[psiʝío]
congelatore (m)	**καταψύκτης** (αρ.)	[katapsíktis]
lavastoviglie (f)	**πλυντήριο πιάτων** (ουδ.)	[plindírio piáton]
rubinetto (m)	**βρύση** (ουδ.)	[vrísi]

tritacarne (m)	**κρεατομηχανή** (θηλ.)	[kreatomixaní]
spremifrutta (m)	**αποχυμωτής** (αρ.)	[apoximotís]
tostapane (m)	**φρυγανιέρα** (θηλ.)	[friɣaniéra]
mixer (m)	**μίξερ** (ουδ.)	[míkser]

macchina (f) da caffè	**καφετιέρα** (θηλ.)	[kafetiéra]
bollitore (m)	**βραστήρας** (αρ.)	[vrastíras]
teiera (f)	**τσαγιέρα** (θηλ.)	[tsaʝéra]

televisore (m)	**τηλεόραση** (θηλ.)	[tileórasi]
videoregistratore (m)	**συσκευή βίντεο** (θηλ.)	[siskeví vídeo]
ferro (m) da stiro	**σίδερο** (ουδ.)	[síðero]
telefono (m)	**τηλέφωνο** (ουδ.)	[tiléfono]

15. Attività lavorative. Condizione sociale

direttore (m)	**διευθυντής** (αρ.)	[ðiefθindís]
superiore (m)	**προϊστάμενος** (αρ.)	[projstámenos]
presidente (m)	**πρόεδρος** (αρ.)	[próeðros]
assistente (m)	**βοηθός** (αρ.)	[voiθós]
segretario (m)	**γραμματέας** (αρ./θηλ.)	[ɣramatéas]

proprietario (m)	**ιδιοκτήτης** (αρ.)	[iðioktítis]
partner (m)	**συνέταιρος** (αρ.)	[sinéteros]
azionista (m)	**μέτοχος** (αρ.)	[métoxos]

uomo (m) d'affari	**μπίζνεσμαν** (αρ.)	[bíznezman]
milionario (m)	**εκατομμυριούχος** (αρ.)	[ekatomiriúxos]
miliardario (m)	**δισεκατομμυριούχος** (αρ.)	[ðisekatomiriúxos]

attore (m)	**ηθοποιός** (αρ.)	[iθopiós]
architetto (m)	**αρχιτέκτονας** (αρ.)	[arxitéktonas]
banchiere (m)	**τραπεζίτης** (αρ.)	[trapezítis]
broker (m)	**μεσίτης** (αρ.)	[mesítis]
veterinario (m)	**κτηνίατρος** (αρ.)	[ktiníatros]
medico (m)	**γιατρός** (αρ.)	[ʝatrós]
cameriera (f)	**καμαριέρα** (θηλ.)	[kamariéra]
designer (m)	**σχεδιαστής** (αρ.)	[sxeðiastís]
corrispondente (m)	**ανταποκριτής** (αρ.)	[andapokritís]
fattorino (m)	**κούριερ** (αρ.)	[kúrier]

elettricista (m)	**ηλεκτρολόγος** (αρ.)	[ilektrolʲóɣos]
musicista (m)	**μουσικός** (αρ.)	[musikós]
baby-sitter (m, f)	**νταντά** (θηλ.)	[dadá]
parrucchiere (m)	**κομμωτής** (αρ.)	[komotís]

pastore (m)	**βοσκός** (αρ.)	[voskós]
cantante (m)	**τραγουδιστής** (αρ.)	[traɣuðistís]
traduttore (m)	**μεταφραστής** (αρ.)	[metafrastís]
scrittore (m)	**συγγραφέας** (αρ.)	[singraféas]
falegname (m)	**μαραγκός** (αρ.)	[marangós]
cuoco (m)	**μάγειρας** (αρ.)	[májiras]
pompiere (m)	**πυροσβέστης** (αρ.)	[pirozvéstis]
poliziotto (m)	**αστυνομικός** (αρ.)	[astinomikós]
postino (m)	**ταχυδρόμος** (αρ.)	[taxiðrómos]
programmatore (m)	**προγραμματιστής** (αρ.)	[proɣramatistís]
commesso (m)	**πωλητής** (αρ.)	[politís]
operaio (m)	**εργάτης** (αρ.)	[erɣátis]
giardiniere (m)	**κηπουρός** (αρ.)	[kipurós]
idraulico (m)	**υδραυλικός** (αρ.)	[iðravlikós]
dentista (m)	**οδοντίατρος** (αρ.)	[oðondíatros]
hostess (f)	**αεροσυνοδός** (θηλ.)	[aerosinoðós]
danzatore (m)	**χορευτής** (αρ.)	[xoreftís]
guardia (f) del corpo	**σωματοφύλακας** (αρ.)	[somatofílʲakas]
scienziato (m)	**επιστήμονας** (αρ.)	[epistímonas]
insegnante (m, f)	**δάσκαλος** (αρ.)	[ðáskalʲos]
fattore (m)	**αγρότης** (αρ.)	[aɣrótis]
chirurgo (m)	**χειρουργός** (αρ.)	[xiruɣós]
minatore (m)	**ανθρακωρύχος** (αρ.)	[anθrakoríxos]
capocuoco (m)	**σεφ** (αρ./θηλ.)	[sef]
autista (m)	**οδηγός** (αρ.)	[oðiɣós]

16. Sport

sport (m)	**είδος αθλήματος** (ουδ.)	[íðos aθlímatos]
calcio (m)	**ποδόσφαιρο** (ουδ.)	[poðósfero]
hockey (m)	**χόκεϊ** (ουδ.)	[xókej]
pallacanestro (m)	**μπάσκετ** (ουδ.)	[básket]
baseball (m)	**μπέιζμπολ** (ουδ.)	[béjzbolʲ]
pallavolo (m)	**βόλεϊ** (ουδ.)	[vólej]
pugilato (m)	**πυγμαχία** (θηλ.)	[piɣmaxía]
lotta (f)	**πάλη** (θηλ.)	[páli]
tennis (m)	**τένις** (ουδ.)	[ténis]
nuoto (m)	**κολύμβηση** (θηλ.)	[kolímvisi]
scacchi (m pl)	**σκάκι** (ουδ.)	[skáki]
corsa (f)	**δρόμος** (αρ.)	[ðrómos]
atletica (f) leggera	**στίβος** (αρ.)	[stívos]
pattinaggio (m) artistico	**καλλιτεχνικό πατινάζ** (ουδ.)	[kalitexnikó patináz]
ciclismo (m)	**ποδηλασία** (θηλ.)	[poðilʲasía]

biliardo (m)	μπιλιάρδο (ουδ.)	[biliárðo]
culturismo (m)	μπόντι μπίλντινγκ (ουδ.)	[bódi bílʲding]
golf (m)	γκολφ (ουδ.)	[golʲf]
immersione (f) subacquea	κατάδυση (θηλ.)	[katáðisi]
vela (f)	ιστιοπλοΐα (θηλ.)	[istioplʲoía]
tiro (m) con l'arco	τοξοβολία (θηλ.)	[toksovolía]

tempo (m)	ημίχρονο (ουδ.)	[imíxrono]
intervallo (m)	διάλειμμα (ουδ.)	[ðiálima]
pareggio (m)	ισοπαλία (θηλ.)	[isopalía]
pareggiare (vi)	έρχομαι ισοπαλία	[érxome isopalía]

tapis roulant (m)	διάδρομος (αρ.)	[ðiáðromos]
giocatore (m)	παίκτης (αρ.)	[péktis]
riserva (f)	αναπληρωματικός (αρ.)	[anapliromatikós]
panchina (f)	πάγκος αναπληρωματικών (αρ.)	[pángos anapliromatikón]

partita (f)	ματς (ουδ.)	[mats]
porta (f)	τέρμα (ουδ.)	[térma]
portiere (m)	τερματοφύλακας (αρ.)	[termatofílʲakas]
gol (m)	γκολ (ουδ.)	[golʲ]

Giochi (m pl) Olimpici	Ολυμπιακοί Αγώνες (αρ.πλ.)	[olimbiakí aɣónes]
stabilire un record	κάνω ρεκόρ	[káno rekór]
finale (m)	τελικός (αρ.)	[telikós]
campione (m)	πρωταθλητής (αρ.)	[protaθlitís]
campionato (m)	πρωτάθλημα (ουδ.)	[protáθlima]

vincitore (m)	νικητής (αρ.)	[nikitís]
vittoria (f)	νίκη (θηλ.)	[níki]
vincere (vi)	νικάω, κερδίζω	[nikáo], [kerðízo]
perdere (vt)	χάνω	[xáno]
medaglia (f)	μετάλλιο (ουδ.)	[metálio]

primo posto (m)	πρώτη θέση (θηλ.)	[próti θési]
secondo posto (m)	δεύτερη θέση (θηλ.)	[ðéfteri θési]
terzo posto (m)	τρίτη θέση (θηλ.)	[tríti θési]

stadio (m)	γήπεδο (ουδ.)	[ʝípeðo]
tifoso, fan (m)	φίλαθλος (αρ.)	[fílʲaθlʲos]
allenatore (m)	προπονητής (αρ.)	[proponitís]
allenamento (m)	προπόνηση (θηλ.)	[propónisi]

17. Lingue straniere. Ortografia

lingua (f)	γλώσσα (θηλ.)	[ɣlʲósa]
studiare (vt)	μελετάω	[meletáo]
pronuncia (f)	προφορά (θηλ.)	[proforá]

accento (m)	**προφορά** (θηλ.)	[proforá]
sostantivo (m)	**ουσιαστικό** (ουδ.)	[usiastikó]
aggettivo (m)	**επίθετο** (ουδ.)	[epíθeto]
verbo (m)	**ρήμα** (ουδ.)	[ríma]
avverbio (m)	**επίρρημα** (ουδ.)	[epírima]
pronome (m)	**αντωνυμία** (θηλ.)	[andonimía]
interiezione (f)	**επιφώνημα** (ουδ.)	[epifónima]
preposizione (f)	**πρόθεση** (θηλ.)	[próθesi]
radice (f)	**ρίζα** (θηλ.)	[ríza]
desinenza (f)	**κατάληξη** (θηλ.)	[katáliksi]
prefisso (m)	**πρόθεμα** (ουδ.)	[próθema]
sillaba (f)	**συλλαβή** (θηλ.)	[silʲaví]
suffisso (m)	**επίθημα** (ουδ.)	[epíθima]
accento (m)	**τόνος** (αρ.)	[tónos]
punto (m)	**τελεία** (θηλ.)	[telía]
virgola (f)	**κόμμα** (ουδ.)	[kóma]
due punti	**διπλή τελεία** (θηλ.)	[ðiplí telía]
puntini di sospensione	**αποσιωπητικά** (ουδ.πλ.)	[aposiopitiká]
domanda (f)	**ερώτημα** (ουδ.)	[erótima]
punto (m) interrogativo	**ερωτηματικό** (ουδ.)	[erotimatikó]
punto (m) esclamativo	**θαυμαστικό** (ουδ.)	[θavmastikó]
tra virgolette	**σε εισαγωγικά**	[se isaɣoʝiká]
tra parentesi	**σε παρένθεση**	[se parénθesi]
lettera (f)	**γράμμα** (ουδ.)	[ɣráma]
lettera (f) maiuscola	**κεφαλαίο γράμμα** (ουδ.)	[kefaléo ɣráma]
proposizione (f)	**πρόταση** (θηλ.)	[prótasi]
gruppo (m) di parole	**ομάδα λέξεων** (θηλ.)	[omáða lékseon]
espressione (f)	**έκφραση** (θηλ.)	[ékfrasi]
soggetto (m)	**υποκείμενο** (ουδ.)	[ipokímeno]
predicato (m)	**κατηγορούμενο** (ουδ.)	[katiɣorúmeno]
riga (f)	**γραμμή** (θηλ.)	[ɣramí]
capoverso (m)	**παράγραφος** (θηλ.)	[paráɣrafos]
sinonimo (m)	**συνώνυμο** (ουδ.)	[sinónimo]
antonimo (m)	**αντώνυμο** (ουδ.)	[andónimo]
eccezione (f)	**εξαίρεση** (θηλ.)	[ekséresi]
sottolineare (vt)	**υπογραμμίζω**	[ipoɣramízo]
regole (f pl)	**κανόνες** (αρ.πλ.)	[kanónes]
grammatica (f)	**γραμματική** (θηλ.)	[ɣramatikí]
lessico (m)	**λεξιλόγιο** (ουδ.)	[leksilʲóʝo]
fonetica (f)	**φωνητική** (θηλ.)	[fonitikí]
alfabeto (m)	**αλφάβητος** (θηλ.)	[alʲfávitos]
manuale (m)	**σχολικό βιβλίο** (ουδ.)	[sxolikó vivlío]
dizionario (m)	**λεξικό** (ουδ.)	[leksikó]

frasario (m)	**βιβλίο φράσεων** (ουδ.)	[vivlío fráseon]
vocabolo (m)	**λέξη** (θηλ.)	[léksi]
significato (m)	**σημασία** (θηλ.)	[simasía]
memoria (f)	**μνήμη** (θηλ.)	[mními]

18. La Terra. Geografia

la Terra	**Γη** (θηλ.)	[ʝi]
globo (m) terrestre	**υδρόγειος** (θηλ.)	[iðróʝios]
pianeta (m)	**πλανήτης** (αρ.)	[plʲanítis]
geografia (f)	**γεωγραφία** (θηλ.)	[ʝeoɣrafía]
natura (f)	**φύση** (θηλ.)	[físi]
carta (f) geografica	**χάρτης** (αρ.)	[xártis]
atlante (m)	**άτλας** (αρ.)	[átlʲas]
al nord	**στο βορρά**	[sto vorá]
al sud	**στο νότο**	[sto nóto]
all'ovest	**στη δύση**	[sti ðísi]
all'est	**στην ανατολή**	[stin anatolí]
mare (m)	**θάλασσα** (θηλ.)	[θálʲasa]
oceano (m)	**ωκεανός** (αρ.)	[okeanós]
golfo (m)	**κόλπος** (αρ.)	[kólʲpos]
stretto (m)	**πορθμός** (αρ.)	[porθmós]
continente (m)	**ήπειρος** (θηλ.)	[íperos]
isola (f)	**νησί** (ουδ.)	[nisí]
penisola (f)	**χερσόνησος** (θηλ.)	[xersónisos]
arcipelago (m)	**αρχιπέλαγος** (ουδ.)	[arxipélʲaɣos]
porto (m)	**λιμάνι** (ουδ.)	[limáni]
barriera (f) corallina	**κοραλλιογενής ύφαλος** (αρ.)	[koralioʝenís ifalʲos]
litorale (m)	**παραλία** (θηλ.)	[paralía]
costa (f)	**ακτή** (θηλ.)	[aktí]
alta marea (f)	**πλημμυρίδα** (θηλ.)	[plimiríða]
bassa marea (f)	**παλίρροια** (θηλ.)	[palíria]
latitudine (f)	**γεωγραφικό πλάτος** (ουδ.)	[ʝeoɣrafikó plʲátos]
longitudine (f)	**μήκος** (ουδ.)	[míkos]
parallelo (m)	**παράλληλος** (αρ.)	[parálilʲos]
equatore (m)	**ισημερινός** (αρ.)	[isimerinós]
cielo (m)	**ουρανός** (αρ.)	[uranós]
orizzonte (m)	**ορίζοντας** (αρ.)	[orízondas]
atmosfera (f)	**ατμόσφαιρα** (θηλ.)	[atmósfera]
monte (m), montagna (f)	**βουνό** (ουδ.)	[vunó]
cima (f)	**κορυφή** (θηλ.)	[korifí]

falesia (f)	**γκρεμός** (αρ.)	[gremós]
collina (f)	**λόφος** (αρ.)	[lʲófos]
vulcano (m)	**ηφαίστειο** (ουδ.)	[iféstio]
ghiacciaio (m)	**παγετώνας** (αρ.)	[paj̯etónas]
cascata (f)	**καταρράκτης** (αρ.)	[kataráktis]
pianura (f)	**πεδιάδα** (θηλ.)	[peðiáða]
fiume (m)	**ποταμός** (αρ.)	[potamós]
fonte (f) (sorgente)	**πηγή** (θηλ.)	[pij̯í]
riva (f)	**ακτή** (θηλ.)	[aktí]
a valle	**στη φορά του ρεύματος**	[sti forá tu révmatos]
a monte	**κόντρα στο ρεύμα**	[kóndra sto révma]
lago (m)	**λίμνη** (θηλ.)	[límni]
diga (f)	**φράγμα** (ουδ.)	[fráɣma]
canale (m)	**κανάλι** (ουδ.)	[kanáli]
palude (f)	**έλος** (ουδ.)	[élʲos]
ghiaccio (m)	**πάγος** (αρ.)	[páɣos]

19. Paesi. Parte 1

Europa (f)	**Ευρώπη** (θηλ.)	[evrópi]
Unione (f) Europea	**Ευρωπαϊκή Ένωση** (θηλ.)	[evropaikí énosi]
europeo (m)	**Ευρωπαίος** (αρ.)	[evropéos]
europeo (agg)	**ευρωπαϊκός**	[evropaikós]
Austria (f)	**Αυστρία** (θηλ.)	[afstría]
Gran Bretagna (f)	**Μεγάλη Βρετανία** (θηλ.)	[meɣáli vretanía]
Inghilterra (f)	**Αγγλία** (θηλ.)	[anglía]
Belgio (m)	**Βέλγιο** (ουδ.)	[vélʲj̯o]
Germania (f)	**Γερμανία** (θηλ.)	[j̯ermanía]
Paesi Bassi (m pl)	**Κάτω Χώρες** (θηλ.πλ.)	[káto xóres]
Olanda (f)	**Ολλανδία** (θηλ.)	[olʲanðía]
Grecia (f)	**Ελλάδα** (θηλ.)	[elʲáða]
Danimarca (f)	**Δανία** (θηλ.)	[ðanía]
Irlanda (f)	**Ιρλανδία** (θηλ.)	[irlʲanðía]
Islanda (f)	**Ισλανδία** (θηλ.)	[islʲanðía]
Spagna (f)	**Ισπανία** (θηλ.)	[ispanía]
Italia (f)	**Ιταλία** (θηλ.)	[italía]
Cipro (m)	**Κύπρος** (θηλ.)	[kípros]
Malta (f)	**Μάλτα** (θηλ.)	[málʲta]
Norvegia (f)	**Νορβηγία** (θηλ.)	[norvij̯ía]
Portogallo (f)	**Πορτογαλία** (θηλ.)	[portoɣalía]
Finlandia (f)	**Φινλανδία** (θηλ.)	[finlʲanðía]
Francia (f)	**Γαλλία** (θηλ.)	[ɣalía]

Svezia (f)	Σουηδία (θηλ.)	[suiðía]
Svizzera (f)	Ελβετία (θηλ.)	[elʲvetía]
Scozia (f)	Σκοτία (θηλ.)	[skotía]
Vaticano (m)	Βατικανό (ουδ.)	[vatikanó]
Liechtenstein (m)	Λίχτενσταϊν (ουδ.)	[líxtenstajn]
Lussemburgo (m)	Λουξεμβούργο (ουδ.)	[lʲuksemvúrɣo]

Monaco (m)	Μονακό (ουδ.)	[monakó]
Albania (f)	Αλβανία (θηλ.)	[alʲvanía]
Bulgaria (f)	Βουλγαρία (θηλ.)	[vulʲɣaría]
Ungheria (f)	Ουγγαρία (θηλ.)	[ungaría]
Lettonia (f)	Λετονία (θηλ.)	[letonía]

Lituania (f)	Λιθουανία (θηλ.)	[liθuanía]
Polonia (f)	Πολωνία (θηλ.)	[polʲonía]
Romania (f)	Ρουμανία (θηλ.)	[rumanía]
Serbia (f)	Σερβία (θηλ.)	[servía]
Slovacchia (f)	Σλοβακία (θηλ.)	[slʲovakía]

Croazia (f)	Κροατία (θηλ.)	[kroatía]
Repubblica (f) Ceca	Τσεχία (θηλ.)	[tsexía]
Estonia (f)	Εσθονία (θηλ.)	[esθonía]
Bosnia-Erzegovina (f)	Βοσνία-Ερζεγοβίνη (θηλ.)	[voznía erzeɣovini]
Macedonia (f)	Μακεδονία (θηλ.)	[makeðonía]

Slovenia (f)	Σλοβενία (θηλ.)	[slʲovenía]
Montenegro (m)	Μαυροβούνιο (ουδ.)	[mavrovúnio]
Bielorussia (f)	Λευκορωσία (θηλ.)	[lefkorosía]
Moldavia (f)	Μολδαβία (θηλ.)	[molʲðavía]
Russia (f)	Ρωσία (θηλ.)	[rosía]
Ucraina (f)	Ουκρανία (θηλ.)	[ukranía]

20. Paesi. Parte 2

Asia (f)	Ασία (θηλ.)	[asía]
Vietnam (m)	Βιετνάμ (ουδ.)	[vietnám]
India (f)	Ινδία (θηλ.)	[inðía]
Israele (m)	Ισραήλ (ουδ.)	[izraílʲ]
Cina (f)	Κίνα (θηλ.)	[kína]

Libano (m)	Λίβανος (αρ.)	[lívanos]
Mongolia (f)	Μογγολία (θηλ.)	[mongolía]
Malesia (f)	Μαλαισία (θηλ.)	[malesía]
Pakistan (m)	Πακιστάν (ουδ.)	[pakistán]
Arabia Saudita (f)	Σαουδική Αραβία (θηλ.)	[sauðikí aravia]

Tailandia (f)	Ταϊλάνδη (θηλ.)	[tajlʲánði]
Taiwan (m)	Ταϊβάν (θηλ.)	[tajván]
Turchia (f)	Τουρκία (θηλ.)	[turkía]
Giappone (m)	Ιαπωνία (θηλ.)	[japonía]

Afghanistan (m)	**Αφγανιστάν** (ουδ.)	[afɣanistán]
Bangladesh (m)	**Μπαγκλαντές** (ουδ.)	[banglʲadés]
Indonesia (f)	**Ινδονησία** (θηλ.)	[inðonisía]
Giordania (f)	**Ιορδανία** (θηλ.)	[iorðanía]
Iraq (m)	**Ιράκ** (ουδ.)	[irák]
Iran (m)	**Ιράν** (ουδ.)	[irán]
Cambogia (f)	**Καμπότζη** (θηλ.)	[kabódzi]
Kuwait (m)	**Κουβέιτ** (ουδ.)	[kuvéjt]
Laos (m)	**Λάος** (ουδ.)	[lʲáos]
Birmania (f)	**Μιανμάρ** (ουδ.)	[mianmár]
Nepal (m)	**Νεπάλ** (ουδ.)	[nepálʲ]
Emirati (m pl) Arabi	**Ηνωμένα Αραβικά Εμιράτα** (θηλ.πλ.)	[inoména araviká emiráta]
Siria (f)	**Συρία** (θηλ.)	[siría]
Palestina (f)	**Παλαιστίνη** (θηλ.)	[palestíni]
Corea (f) del Sud	**Νότια Κορέα** (θηλ.)	[nótia koréa]
Corea (f) del Nord	**Βόρεια Κορέα** (θηλ.)	[vória koréa]
Stati (m pl) Uniti d'America	**Ηνωμένες Πολιτείες Αμερικής** (θηλ.πλ.)	[inoménes polities amerikís]
Canada (m)	**Καναδάς** (αρ.)	[kanaðás]
Messico (m)	**Μεξικό** (ουδ.)	[meksikó]
Argentina (f)	**Αργεντινή** (θηλ.)	[arʝendiní]
Brasile (m)	**Βραζιλία** (θηλ.)	[vrazilía]
Colombia (f)	**Κολομβία** (θηλ.)	[kolʲomvía]
Cuba (f)	**Κούβα** (θηλ.)	[kúva]
Cile (m)	**Χιλή** (θηλ.)	[xilí]
Venezuela (f)	**Βενεζουέλα** (θηλ.)	[venezuélʲa]
Ecuador (m)	**Εκουαδόρ** (ουδ.)	[ekuaðór]
Le Bahamas	**Μπαχάμες** (θηλ.πλ.)	[baxámes]
Panama (m)	**Παναμάς** (αρ.)	[panamás]
Egitto (m)	**Αίγυπτος** (θηλ.)	[éʝiptos]
Marocco (m)	**Μαρόκο** (ουδ.)	[maróko]
Tunisia (f)	**Τυνησία** (θηλ.)	[tinisía]
Kenya (m)	**Κένυα** (θηλ.)	[kénia]
Libia (f)	**Λιβύη** (θηλ.)	[livíi]
Repubblica (f) Sudafricana	**Δημοκρατία της Νότιας Αφρικής** (θηλ.)	[ðimokratía tis nótias afrikís]
Australia (f)	**Αυστραλία** (θηλ.)	[afstralía]
Nuova Zelanda (f)	**Νέα Ζηλανδία** (θηλ.)	[néa zilʲanðía]

21. Tempo. Disastri naturali

tempo (m)	**καιρός** (αρ.)	[kerós]
previsione (f) del tempo	**πρόγνωση καιρού** (θηλ.)	[próɣnosi kerú]

temperatura (f)	**θερμοκρασία** (θηλ.)	[θermokrasía]
termometro (m)	**θερμόμετρο** (ουδ.)	[θermómetro]
barometro (m)	**βαρόμετρο** (ουδ.)	[varómetro]
sole (m)	**ήλιος** (αρ.)	[ílios]
splendere (vi)	**λάμπω**	[lʲámbo]
di sole (una giornata ~)	**ηλιόλουστος**	[iliólʲustos]
sorgere, levarsi (vr)	**ανατέλλω**	[anatélʲo]
tramontare (vi)	**δύω**	[ðío]
pioggia (f)	**βροχή** (θηλ.)	[vroxí]
piove	**βρέχει**	[vréxi]
pioggia (f) torrenziale	**δυνατή βροχή** (θηλ.)	[ðinatí vroxí]
nube (f) di pioggia	**μαύρο σύννεφο** (ουδ.)	[mávro sínefo]
pozzanghera (f)	**λακκούβα** (θηλ.)	[lʲakúva]
bagnarsi (~ sotto la pioggia)	**βρέχομαι**	[vréxome]
temporale (m)	**καταιγίδα** (θηλ.)	[katejíða]
fulmine (f)	**αστραπή** (θηλ.)	[astrapí]
lampeggiare (vi)	**αστράπτω**	[astrápto]
tuono (m)	**βροντή** (θηλ.)	[vrondí]
tuona	**βροντάει**	[vrondái]
grandine (f)	**χαλάζι** (ουδ.)	[xalʲázi]
grandina	**ρίχνει χαλάζι**	[ríxni xalʲázi]
caldo (m), afa (f)	**ζέστη** (θηλ.)	[zésti]
fa molto caldo	**κάνει ζέστη**	[káni zésti]
fa caldo	**κάνει ζέστη**	[káni zésti]
fa freddo	**κάνει κρύο**	[káni krío]
foschia (f), nebbia (f)	**ομίχλη** (θηλ.)	[omíxli]
nebbioso (agg)	**ομιχλώδης**	[omixlʲóðis]
nuvola (f)	**σύννεφο** (ουδ.)	[sínefo]
nuvoloso (agg)	**συννεφιασμένος**	[sinefiazménos]
umidità (f)	**υγρασία** (θηλ.)	[iɣrasía]
neve (f)	**χιόνι** (ουδ.)	[xóni]
nevica	**χιονίζει**	[xonízi]
gelo (m)	**παγωνιά** (θηλ.)	[paɣoniá]
sotto zero	**υπό το μηδέν**	[ipó to miðén]
brina (f)	**πάχνη** (θηλ.)	[páxni]
maltempo (m)	**κακοκαιρία** (θηλ.)	[kakokería]
disastro (m)	**καταστροφή** (θηλ.)	[katastrofí]
inondazione (f)	**πλημμύρα** (θηλ.)	[plimíra]
valanga (f)	**χιονοστιβάδα** (θηλ.)	[xonostiváða]
terremoto (m)	**σεισμός** (αρ.)	[sizmós]
scossa (f)	**δόνηση** (θηλ.)	[ðónisi]
epicentro (m)	**επίκεντρο** (ουδ.)	[epíkendro]
eruzione (f)	**έκρηξη** (θηλ.)	[ékriksi]

lava (f)	**λάβα** (θηλ.)	[lʲáva]
tornado (m)	**σίφουνας** (αρ.)	[sífunas]
tromba (f) d'aria	**ανεμοστρόβιλος** (αρ.)	[anemostróvilʲos]
uragano (m)	**τυφώνας** (αρ.)	[tifónas]
tsunami (m)	**τσουνάμι** (ουδ.)	[tsunámi]
ciclone (m)	**κυκλώνας** (αρ.)	[kiklʲónas]

22. Animali. Parte 1

animale (m)	**ζώο** (ουδ.)	[zóo]
predatore (m)	**θηρευτής** (ουδ.)	[θireftís]
tigre (f)	**τίγρη** (θηλ.), **τίγρης** (αρ.)	[tíɣri], [tíɣris]
leone (m)	**λιοντάρι** (ουδ.)	[liondári]
lupo (m)	**λύκος** (αρ.)	[líkos]
volpe (m)	**αλεπού** (θηλ.)	[alepú]
giaguaro (m)	**ιαγουάρος** (αρ.)	[jaɣuáros]
lince (f)	**λύγκας** (αρ.)	[língas]
coyote (m)	**κογιότ** (ουδ.)	[kojiót]
sciacallo (m)	**τσακάλι** (ουδ.)	[tsakáli]
iena (f)	**ύαινα** (θηλ.)	[íena]
scoiattolo (m)	**σκίουρος** (αρ.)	[skíuros]
riccio (m)	**σκαντζόχοιρος** (αρ.)	[skandzóxiros]
coniglio (m)	**κουνέλι** (ουδ.)	[kunéli]
procione (f)	**ρακούν** (ουδ.)	[rakún]
criceto (m)	**χάμστερ** (ουδ.)	[xámster]
talpa (f)	**τυφλοπόντικας** (αρ.)	[tiflʲopóndikas]
topo (m)	**ποντίκι** (ουδ.)	[pondíki]
ratto (m)	**αρουραίος** (αρ.)	[aruréos]
pipistrello (m)	**νυχτερίδα** (θηλ.)	[nixteríða]
castoro (m)	**κάστορας** (αρ.)	[kástoras]
cavallo (m)	**άλογο** (ουδ.)	[álʲoɣo]
cervo (m)	**ελάφι** (ουδ.)	[elʲáfi]
cammello (m)	**καμήλα** (θηλ.)	[kamílʲa]
zebra (f)	**ζέβρα** (θηλ.)	[zévra]
balena (f)	**φάλαινα** (θηλ.)	[fálena]
foca (f)	**φώκια** (θηλ.)	[fókia]
tricheco (m)	**θαλάσσιος ίππος** (αρ.)	[θalʲásios ípos]
delfino (m)	**δελφίνι** (ουδ.)	[ðelʲfíni]
orso (m)	**αρκούδα** (θηλ.)	[arkúða]
scimmia (f)	**μαϊμού** (θηλ.)	[majmú]
elefante (m)	**ελέφαντας** (αρ.)	[eléfandas]
rinoceronte (m)	**ρινόκερος** (αρ.)	[rinókeros]
giraffa (f)	**καμηλοπάρδαλη** (θηλ.)	[kamilʲopárðali]

ippopotamo (m)	**ιπποπόταμος** (αρ.)	[ipopótamos]
canguro (m)	**καγκουρό** (ουδ.)	[kanguró]
gatta (f)	**γάτα** (θηλ.)	[ɣáta]
cane (m)	**σκύλος** (αρ.)	[skílʲos]
mucca (f)	**αγελάδα** (θηλ.)	[aʝelʲáða]
toro (m)	**ταύρος** (αρ.)	[távros]
pecora (f)	**πρόβατο** (ουδ.)	[próvato]
capra (f)	**κατσίκα, γίδα** (θηλ.)	[katsíka], [ʝíða]
asino (m)	**γάιδαρος** (αρ.)	[ɣáiðaros]
porco (m)	**γουρούνι** (ουδ.)	[ɣurúni]
gallina (f)	**κότα** (θηλ.)	[kóta]
gallo (m)	**πετεινός, κόκορας** (αρ.)	[petinós], [kókoras]
anatra (f)	**πάπια** (θηλ.)	[pápia]
oca (f)	**χήνα** (θηλ.)	[xína]
tacchina (f)	**γαλοπούλα** (θηλ.)	[ɣalʲopúlʲa]
cane (m) da pastore	**ποιμενικός** (αρ.)	[pimenikós]

23. Animali. Parte 1

uccello (m)	**πουλί** (ουδ.)	[pulí]
colombo (m), piccione (m)	**περιστέρι** (ουδ.)	[peristéri]
passero (m)	**σπουργίτι** (ουδ.)	[spurʝíti]
cincia (f)	**καλόγερος** (αρ.)	[kalʲóʝeros]
gazza (f)	**καρακάξα** (θηλ.)	[karakáksa]
aquila (f)	**αετός** (αρ.)	[aetós]
astore (m)	**γεράκι** (ουδ.)	[ʝeráki]
falco (m)	**γεράκι** (ουδ.)	[ʝeráki]
cigno (m)	**κύκνος** (αρ.)	[kíknos]
gru (f)	**γερανός** (αρ.)	[ʝeranós]
cicogna (f)	**πελαργός** (αρ.)	[pelʲarɣós]
pappagallo (m)	**παπαγάλος** (αρ.)	[papaɣálʲos]
pavone (m)	**παγόνι** (ουδ.)	[paɣóni]
struzzo (m)	**στρουθοκάμηλος** (αρ.)	[struθokámilʲos]
airone (m)	**τσικνιάς** (αρ.)	[tsikniás]
usignolo (m)	**αηδόνι** (ουδ.)	[aiðóni]
rondine (f)	**χελιδόνι** (ουδ.)	[xeliðóni]
picchio (m)	**δρυοκολάπτης** (αρ.)	[ðriokolʲáptis]
cuculo (m)	**κούκος** (αρ.)	[kúkos]
civetta (f)	**κουκουβάγια** (θηλ.)	[kukuváʝa]
pinguino (m)	**πιγκουίνος** (αρ.)	[pinguínos]
tonno (m)	**τόνος** (αρ.)	[tónos]
trota (f)	**πέστροφα** (θηλ.)	[péstrofa]
anguilla (f)	**χέλι** (ουδ.)	[xéli]

squalo (m)	**καρχαρίας** (αρ.)	[karxarías]
granchio (m)	**καβούρι** (ουδ.)	[kavúri]
medusa (f)	**μέδουσα** (θηλ.)	[méðusa]
polpo (m)	**χταπόδι** (ουδ.)	[xtapóði]
stella (f) marina	**αστερίας** (αρ.)	[asterías]
riccio (m) di mare	**αχινός** (αρ.)	[axinós]
cavalluccio (m) marino	**ιππόκαμπος** (αρ.)	[ipókambos]
gamberetto (m)	**γαρίδα** (θηλ.)	[ɣaríða]
serpente (m)	**φίδι** (ουδ.)	[fíði]
vipera (f)	**οχιά** (θηλ.)	[oxiá]
lucertola (f)	**σαύρα** (θηλ.)	[sávra]
iguana (f)	**ιγκουάνα** (θηλ.)	[iguána]
camaleonte (m)	**χαμαιλέοντας** (αρ.)	[xameléondas]
scorpione (m)	**σκορπιός** (αρ.)	[skorpiós]
tartaruga (f)	**χελώνα** (θηλ.)	[xelʲóna]
rana (f)	**βάτραχος** (αρ.)	[vátraxos]
coccodrillo (m)	**κροκόδειλος** (αρ.)	[krokóðilʲos]
insetto (m)	**έντομο** (ουδ.)	[éndomo]
farfalla (f)	**πεταλούδα** (θηλ.)	[petalʲúða]
formica (f)	**μυρμήγκι** (ουδ.)	[mirmíngi]
mosca (f)	**μύγα** (θηλ.)	[míɣa]
zanzara (f)	**κουνούπι** (ουδ.)	[kunúpi]
scarabeo (m)	**σκαθάρι** (ουδ.)	[skaθári]
ape (f)	**μέλισσα** (θηλ.)	[mélisa]
ragno (m)	**αράχνη** (θηλ.)	[aráxni]
coccinella (f)	**πασχαλίτσα** (θηλ.)	[pasxalítsa]

24. Alberi. Piante

albero (m)	**δέντρο** (ουδ.)	[ðéndro]
betulla (f)	**σημύδα** (θηλ.)	[simíða]
quercia (f)	**βελανιδιά** (θηλ.)	[velʲaniðiá]
tiglio (m)	**φλαμουριά** (θηλ.)	[flʲamuriá]
pioppo (m) tremolo	**λεύκα** (θηλ.)	[léfka]
acero (m)	**σφεντάμι** (ουδ.)	[sfendámi]
abete (m)	**έλατο** (ουδ.)	[élʲato]
pino (m)	**πεύκο** (ουδ.)	[péfko]
cedro (m)	**κέδρος** (αρ.)	[kéðros]
pioppo (m)	**λεύκα** (θηλ.)	[léfka]
sorbo (m)	**σουρβιά** (θηλ.)	[surviá]
faggio (m)	**οξιά** (θηλ.)	[oksiá]
olmo (m)	**φτελιά** (θηλ.)	[fteliá]
frassino (m)	**μέλεγος** (αρ.)	[méleɣos]
castagno (m)	**καστανιά** (θηλ.)	[kastaniá]

| palma (f) | φοίνικας (αρ.) | [fínikas] |
| cespuglio (m) | θάμνος (αρ.) | [θámnos] |

| fungo (m) | μανιτάρι (ουδ.) | [manitári] |
| fungo (m) velenoso | δηλητηριώδες μανιτάρι (ουδ.) | [ðilitirióðes manitári] |

porcino (m)	βασιλομανίταρο (ουδ.)	[vasilʲomanítaro]
rossola (f)	ρούσουλα (θηλ.)	[rúsulʲa]
ovolaccio (m)	ζουρλομανίταρο (ουδ.)	[zurlʲomanítaro]
fungo (m) moscario	θανατίτης (αρ.)	[θanatítis]

fiore (m)	λουλούδι (ουδ.)	[lʲulʲúði]
mazzo (m) di fiori	ανθοδέσμη (θηλ.)	[anθoðézmi]
rosa (f)	τριαντάφυλλο (ουδ.)	[triandáfilʲo]
tulipano (m)	τουλίπα (θηλ.)	[tulípa]
garofano (m)	γαρίφαλο (ουδ.)	[ɣarífalʲo]

camomilla (f)	χαμομήλι (ουδ.)	[xamomíli]
cactus (m)	κάκτος (αρ.)	[káktos]
mughetto (m)	μιγκέ (ουδ.)	[mingé]
bucaneve (m)	γάλανθος ο χιονώδης (αρ.)	[ɣálʲanθos oxonóðis]

| ninfea (f) | νούφαρο (ουδ.) | [núfaro] |

serra (f)	θερμοκήπιο (ουδ.)	[θermokípio]
prato (m) erboso	γκαζόν (ουδ.)	[gazón]
aiuola (f)	παρτέρι (ουδ.)	[partéri]

pianta (f)	φυτό (ουδ.)	[fitó]
erba (f)	χορτάρι (ουδ.)	[xortári]
foglia (f)	φύλλο (ουδ.)	[fílʲo]
petalo (m)	πέταλο (ουδ.)	[pétalʲo]
stelo (m)	βλαστός (αρ.)	[vlʲastós]
germoglio (m)	βλαστάρι (ουδ.)	[vlʲastári]

cereali (m pl)	δημητριακών (ουδ.πλ.)	[ðimitriakón]
frumento (m)	σιτάρι (ουδ.)	[sitári]
segale (f)	σίκαλη (θηλ.)	[síkali]
avena (f)	βρώμη (θηλ.)	[vrómi]

miglio (m)	κεχρί (ουδ.)	[kexrí]
orzo (m)	κριθάρι (ουδ.)	[kriθári]
mais (m)	καλαμπόκι (ουδ.)	[kalʲambóki]
riso (m)	ρύζι (ουδ.)	[rízi]

25. Varie parole utili

aiuto (m)	βοήθεια (θηλ.)	[voíθia]
base (f)	βάση (θηλ.)	[vási]
bilancio (m) (equilibrio)	ισορροπία (θηλ.)	[isoropía]

categoria (f)	**κατηγορία** (θηλ.)	[katiɣoría]
coincidenza (f)	**σύμπτωση** (θηλ.)	[símptosi]
confronto (m)	**σύγκριση** (θηλ.)	[síngrisi]
differenza (f)	**διαφορά** (θηλ.)	[ðiaforá]
effetto (m)	**αποτέλεσμα** (ουδ.)	[apotélezma]
elemento (m)	**στοιχείο** (ουδ.)	[stixío]
errore (m)	**λάθος** (ουδ.)	[lʲáθos]
esempio (m)	**παράδειγμα** (ουδ.)	[paráðiɣma]
fatto (m)	**γεγονός** (ουδ.)	[ʝeɣonós]
forma (f) (aspetto)	**μορφή** (θηλ.)	[morfí]
genere (m) (tipo, sorta)	**είδος** (ουδ.)	[íðos]
grado (m) (livello)	**βαθμός** (αρ.)	[vaθmós]
ideale (m)	**ιδανικό** (ουδ.)	[iðanikó]
inizio (m)	**αρχή** (θηλ.)	[arxí]
modo (m) (maniera)	**τρόπος** (αρ.)	[trópos]
momento (m)	**στιγμή** (θηλ.)	[stiɣmí]
ostacolo (m)	**εμπόδιο** (ουδ.)	[embóðio]
parte (f) (~ di qc)	**κομμάτι** (ουδ.)	[komáti]
pausa (f)	**στάση** (θηλ.)	[stási]
pausa (f) (sosta)	**διάλειμμα** (ουδ.)	[ðiálima]
posizione (f)	**θέση** (θηλ.)	[θési]
problema (m)	**πρόβλημα** (ουδ.)	[próvlima]
processo (m)	**διαδικασία** (θηλ.)	[ðiaðikasía]
progresso (m)	**πρόοδος** (θηλ.)	[próoðos]
proprietà (f) (qualità)	**ιδιότητα** (θηλ.)	[iðiótita]
reazione (f)	**αντίδραση** (θηλ.)	[andíðrasi]
rischio (m)	**ρίσκο** (ουδ.)	[rísko]
ritmo (m)	**τέμπο** (ουδ.)	[témpo]
scelta (f)	**επιλογές** (θηλ.)	[epilʲoʝés]
segreto (m)	**μυστικό** (ουδ.)	[mistikó]
serie (f)	**σειρά** (θηλ.)	[sirá]
sforzo (m) (fatica)	**προσπάθεια** (θηλ.)	[prospáθia]
sistema (m)	**σύστημα** (ουδ.)	[sístima]
situazione (f)	**κατάσταση** (θηλ.)	[katástasi]
soluzione (f)	**λύση** (θηλ.)	[lísi]
standard (agg)	**τυποποιημένος**	[tipopiiménos]
stile (m)	**ύφος** (ουδ.)	[ífos]
sviluppo (m)	**εξέλιξη** (θηλ.)	[ekséliksi]
tabella (f) (delle calorie, ecc.)	**πίνακας** (αρ.)	[pínakas]
termine (m) (parola)	**όρος** (αρ.)	[óros]
turno (m) (aspettare il proprio ~)	**σειρά** (θηλ.)	[sirá]
urgente (agg)	**επείγων**	[ipíɣon]

utilità (f)	**χρησιμότητα** (θηλ.)	[xrisimótita]
variante (f)	**εκδοχή** (θηλ.)	[ekðoxí]
verità (f)	**αλήθεια** (θηλ.)	[alíθia]
zona (f)	**ζώνη** (θηλ.)	[zóni]

26. Modificatori. Aggettivi. Parte 1

abbronzato (agg)	**μαυρισμένος**	[mavrizménos]
acido, agro (sapore)	**ξινός**	[ksinós]
affilato (coltello ~)	**κοφτερός**	[kofterós]
alto (voce ~a)	**δυνατός**	[ðinatós]
amaro (sapore)	**πικρός**	[pikrós]
antico (civiltà, ecc.)	**αρχαίος**	[arxéos]
aperto (agg)	**ανοιχτός**	[anixtós]
artificiale (agg)	**τεχνητός**	[texnitós]
basso (~a voce)	**σιγανός**	[siɣanós]
bello (agg)	**όμορφος**	[ómorfos]
buono, gustoso	**νόστιμος**	[nóstimos]
cattivo (agg)	**κακός**	[kakós]
centrale (agg)	**κεντρικός**	[kendrikós]
cieco (agg)	**τυφλός**	[tifl^jós]
clandestino (agg)	**κρυφός**	[krifós]
compatibile (agg)	**συμβατός**	[simvatós]
contento (agg)	**ευχαριστημένος**	[efxaristiménos]
continuo (agg)	**μακρόχρονος**	[makróxronos]
corto (non lungo)	**κοντός**	[kondós]
crudo (non cotto)	**ωμός**	[omós]
denso (fumo ~)	**πυκνός**	[piknós]
destro (lato ~)	**δεξιός**	[ðeksiós]
di seconda mano	**μεταχειρισμένος**	[metaxirizménos]
difficile (decisione)	**δύσκολος**	[ðískol^jos]
dolce (acqua ~)	**γλυκό**	[ɣlikó]
dolce (gusto)	**γλυκός**	[ɣlikós]
dritto (linea, strada ~a)	**ευθύς**	[efθís]
duro (non morbido)	**σκληρός**	[sklirós]
eccellente (agg)	**άριστος**	[áristos]
eccessivo (esagerato)	**υπερβολικός**	[ipervolikós]
enorme (agg)	**τεράστιος**	[terástios]
esterno (agg)	**εξωτερικός**	[eksoterikós]
facile (agg)	**εύκολος**	[éfkol^jos]
felice (agg)	**ευτυχισμένος**	[eftixizménos]
fertile (terreno)	**καρπερός**	[karperós]
forte (una persona ~)	**δυνατός**	[ðinatós]
fragile (porcellana, vetro)	**εύθραυστος**	[éfθrafstos]

gentile (agg)	**ευγενικός**	[evʝenikós]
grande (agg)	**μεγάλος**	[meɣálʲos]

gratuito (agg)	**δωρεάν**	[ðoreán]
immobile (agg)	**ακίνητος**	[akínitos]
importante (agg)	**σημαντικός**	[simandikós]
intelligente (agg)	**έξυπνος**	[éksipnos]
interno (agg)	**εσωτερικός**	[esoterikós]

legale (agg)	**νόμιμος**	[nómimos]
leggero (che pesa poco)	**ελαφρύς**	[elʲafrís]
liquido (agg)	**υγρός**	[iɣrós]
liscio (superficie ~a)	**λείος**	[líos]
lungo (~a strada, ecc.)	**μακρύς**	[makrís]

27. Modificatori. Aggettivi. Parte 2

malato (agg)	**άρρωστος**	[árostos]
maturo (un frutto ~)	**ώριμος**	[órimos]
misterioso (agg)	**αινιγματικός**	[eniɣmatikós]
morbido (~ al tatto)	**μαλακός**	[malʲakós]
morto (agg)	**νεκρός**	[nekrós]

nativo (paese ~)	**καταγωγής**	[kataɣoʝís]
negativo (agg)	**αρνητικός**	[arnitikós]
non difficile	**εύκολος**	[éfkolʲos]
normale (agg)	**κανονικός**	[kanonikós]
nuovo (agg)	**καινούριος**	[kenúrios]

obbligatorio (agg)	**υποχρεωτικός**	[ipoxreotikós]
opaco (colore)	**ματ**	[mat]
opposto (agg)	**αντίθετος**	[andíθetos]
ordinario (comune)	**κανονικός**	[kanonikós]
originale (agg)	**πρωτότυπος**	[protótipos]

per bambini	**παιδικός**	[peðikós]
perfetto (agg)	**υπέροχος**	[ipéroxos]
pericoloso (agg)	**επικίνδυνος**	[epikínðinos]
personale (agg)	**προσωπικός**	[prosopikós]
piccolo (agg)	**μικρός**	[mikrós]

pieno (bicchiere, ecc.)	**γεμάτος**	[ʝemátos]
poco chiaro (agg)	**ασαφής**	[asafís]
poco profondo (agg)	**ρηχός**	[rixós]
possibile (agg)	**πιθανός**	[piθanós]
povero (agg)	**φτωχός**	[ftoxós]

preciso, esatto	**ακριβής**	[akrivís]
principale (più importante)	**κύριος**	[kírios]
principale (primario)	**βασικός**	[vasikós]

probabile (agg)	**πιθανός**	[piθanós]
pubblico (agg)	**δημόσιος**	[ðimósios]
pulito (agg)	**καθαρός**	[kaθarós]
raro (non comune)	**σπάνιος**	[spánios]
rischioso (agg)	**επικίνδυνος**	[epikínðinos]
scorso (il mese ~)	**προηγούμενος**	[proiɣúmenos]
simile (agg)	**παρόμοιος**	[parómios]
sinistro (agg)	**αριστερός**	[aristerós]
solido (parete ~a)	**ανθεκτικός**	[anθektikós]
spazioso (stanza ~a)	**ευρύχωρος**	[evríxoros]
speciale (agg)	**ειδικός**	[iðikós]
sporco (agg)	**λερωμένος**	[leroménos]
stretto (un vicolo ~)	**στενός**	[stenós]
stupido (agg)	**χαζός**	[xazós]
successivo, prossimo	**επόμενος**	[epómenos]
supplementare (agg)	**πρόσθετος**	[prósθetos]
surgelato (cibo ~)	**κατεψυγμένος**	[katepsiɣménos]
triste (infelice)	**θλιμμένος**	[sliménos]
ultimo (agg)	**τελευταίος**	[teleftéos]
vecchio (una casa ~a)	**παλιός**	[paliós]
veloce, rapido	**γρήγορος**	[ɣríɣoros]
vuoto (un bicchiere ~)	**άδειος**	[áðios]

28. Verbi. Parte 1

accendere (luce)	**ανοίγω, ανάβω**	[aníɣo], [anávo]
accusare (vt)	**κατηγορώ**	[katiɣoró]
afferrare (vt)	**πιάνω**	[piáno]
affittare (dare in affitto)	**νοικιάζω**	[nikiázo]
aiutare (vt)	**βοηθώ**	[voiθó]
amare (qn)	**αγαπάω**	[aɣapáo]
andare (camminare)	**πηγαίνω**	[pijéno]
annullare (vt)	**ακυρώνω**	[akiróno]
annunciare (vt)	**ανακοινώνω**	[anakinóno]
appartenere (vi)	**ανήκω σε ...**	[aníko se]
aprire (vt)	**ανοίγω**	[aníɣo]
arrivare (vi)	**έρχομαι**	[érxome]
asciugare (~ i capelli)	**στεγνώνω**	[steɣnóno]
aspettare (vt)	**περιμένω**	[periméno]
avere (vt)	**έχω**	[éxo]
avere fretta	**βιάζομαι**	[viázome]
avere fretta	**βιάζομαι**	[viázome]
avere paura	**φοβάμαι**	[fováme]

ballare (vi, vt)	**χορεύω**	[xorévo]
bere (vi, vt)	**πίνω**	[píno]
cacciare (vt)	**κυνηγώ**	[kiniɣó]
cadere (vi)	**πέφτω**	[péfto]
cambiare (vt)	**αλλάζω**	[alʲázo]
cantare (vi)	**τραγουδώ**	[traɣuðó]
capire (vt)	**καταλαβαίνω**	[katalʲavéno]
cenare (vi)	**τρώω βραδινό**	[tróo vraðinó]
cessare (vt)	**σταματώ**	[stamató]
chiedere (domandare)	**ρωτάω**	[rotáo]
chiudere (vt)	**κλείνω**	[klíno]
cominciare (vt)	**αρχίζω**	[arxízo]
comparare (vt)	**συγκρίνω**	[singríno]
comprare (vt)	**αγοράζω**	[aɣorázo]
confermare (vt)	**επιβεβαιώνω**	[epiveveóno]
congratularsi (con qn per qc)	**συγχαίρω**	[sinxéro]
conoscere (qn)	**γνωρίζω**	[ɣnorízo]
conservare (vt)	**διατηρώ**	[ðiatiró]
contare (calcolare)	**υπολογίζω**	[ipolʲoʝízo]
contare su ...	**υπολογίζω σε ...**	[ipolʲoʝízo se]
copiare (vt)	**αντιγράφω**	[andiɣráfo]
correre (vi)	**τρέχω**	[tréxo]
costare (vt)	**κοστίζω**	[kostízo]
costruire (vt)	**κτίζω**	[ktízo]
creare (vt)	**δημιουργώ**	[ðimiurɣó]
credere (vi)	**πιστεύω**	[pistévo]
cucinare (vi)	**μαγειρεύω**	[maʝirévo]

29. Verbi. Parte 2

dare (vt)	**δίνω**	[ðíno]
decidere (~ di fare qc)	**αποφασίζω**	[apofasízo]
dimenticare (vt)	**ξεχνάω**	[ksexnáo]
dipendere da ...	**εξαρτώμαι**	[eksartóme]
dire (~ la verità)	**λέω**	[léo]
discutere (vt)	**συζητώ**	[sizitó]
disprezzare (vt)	**περιφρονώ**	[perifronó]
disturbare (vt)	**ενοχλώ**	[enoxlʲó]
divorziare (vi)	**χωρίζω**	[xorízo]
dubitare (vi)	**αμφιβάλλω**	[amfiválʲo]
eliminare (vt)	**διαγράφω**	[ðiaɣráfo]
esigere (vt)	**απαιτώ**	[apetó]
esistere (vi)	**υπάρχω**	[ipárxo]

essere assente	απουσιάζω	[apusiázo]
essere d'accordo	συμφωνώ	[simfonó]
fare (vt)	κάνω	[káno]

fare colazione	παίρνω πρωινό	[pérno proinó]
fare le pulizie	τακτοποιώ	[taktopió]
fidarsi (vr)	εμπιστεύομαι	[embistévome]
finire (vt)	τελειώνω	[telióno]
firmare (~ un documento)	υπογράφω	[ipoɣráfo]
giocare (vi)	παίζω	[pézo]

girare (~ a destra)	στρίβω	[strívo]
gridare (vi)	φωνάζω	[fonázo]
guardare (vt)	κοιτάω	[kitáo]
incontrarsi (vr)	συναντιέμαι	[sinandiéme]
ingannare (vt)	εξαπατώ	[eksapató]
insistere (vi)	επιμένω	[epiméno]

insultare (vt)	προσβάλλω	[prozváljo]
invitare (vt)	προσκαλώ	[proskaljó]
lamentarsi (vr)	παραπονιέμαι	[paraponiéme]
lasciar cadere	ρίχνω	[ríxno]
lavorare (vi)	δουλεύω	[ðulévo]

leggere (vi, vt)	διαβάζω	[ðiavázo]
mancare le lezioni	απουσιάζω	[apusiázo]
mandare (vt)	στέλνω	[stéljno]
mangiare (vi, vt)	τρώω	[tróo]
morire (vi)	πεθαίνω	[peθéno]
mostrare (vt)	δείχνω	[ðíxno]

nascere (vi)	γεννιέμαι	[jeniéme]
nascondere (vt)	κρύβω	[krívo]
negare (vt)	αρνούμαι	[arnúme]
nuotare (vi)	κολυμπώ	[kolibó]
obbedire (vi)	υπακούω	[ipakúo]
odiare (vt)	μισώ	[misó]

30. Verbi. Parte 3

pagare (vi, vt)	πληρώνω	[pliróno]
parlare (vi, vt)	μιλάω	[miljáo]
parlare con ...	μιλάω με ...	[miljáo me]
partecipare (vi)	συμμετέχω	[simetéxo]
pensare (vi, vt)	σκέφτομαι	[skéftome]

perdere (ombrello, ecc.)	χάνω	[xáno]
perdonare (vt)	συγχωρώ	[sinxoró]
permettere (vt)	επιτρέπω	[epitrépo]
piacere (vi)	μου αρέσει	[mu arési]

piangere (vi)	**κλαίω**	[kléo]
picchiare (vt)	**χτυπάω**	[xtipáo]
picchiarsi (vr)	**παλεύω**	[palévo]
porre fine a ... (~ una relazione)	**τελειώνω**	[telióno]
potere (v aus)	**μπορώ**	[boró]
potere (vi)	**μπορώ**	[boró]
pranzare (vi)	**τρώω μεσημεριανό**	[tróo mesimerianó]
pregare (vi, vt)	**προσεύχομαι**	[proséfxome]
prendere (vt)	**παίρνω**	[pérno]
prevedere (vt)	**προβλέπω**	[provlépo]
promettere (vt)	**υπόσχομαι**	[ipósxome]
proporre (vt)	**προτείνω**	[protíno]
provare (vt)	**αποδεικνύω**	[apoðiknío]
raccontare (~ una storia)	**διηγούμαι**	[ðiiɣúme]
ricevere (vt)	**λαμβάνω**	[lʲamváno]
ringraziare (vt)	**ευχαριστώ**	[efxaristó]
ripetere (ridire)	**επαναλαμβάνω**	[epanalʲamváno]
riservare (vt)	**κλείνω**	[klíno]
rispondere (vi, vt)	**απαντώ**	[apandó]
rompere (spaccare)	**σπάω**	[spáo]
rubare (~ i soldi)	**κλέβω**	[klévo]
salvare (~ la vita a qn)	**σώζω**	[sózo]
sapere (vt)	**ξέρω**	[kséro]
sbagliare (vi)	**κάνω λάθος**	[káno lʲáθos]
scavare (vt)	**σκάβω**	[skávo]
scegliere (vt)	**επιλέγω**	[epiléɣo]
scherzare (vi)	**αστειεύομαι**	[astiévome]
scomparire (vi)	**εξαφανίζομαι**	[eksafanízome]
scrivere (vt)	**γράφω**	[ɣráfo]
scusare (vt)	**συγχωρώ**	[sinxoró]
scusarsi (vr)	**ζητώ συγνώμη**	[zitó siɣnómi]
sedersi (vr)	**κάθομαι**	[káθome]
sorridere (vi)	**χαμογελάω**	[xamoʝelʲáo]
sparare (vi)	**πυροβολώ**	[pirovolʲó]
spegnere (vt)	**κλείνω**	[klíno]
sperare (vi, vt)	**ελπίζω**	[elʲpízo]
spiegare (vt)	**εξηγώ**	[eksiɣó]
stancarsi (vr)	**κουράζομαι**	[kurázome]
studiare (vt)	**μελετάω**	[meletáo]
tentare (vt)	**προσπαθώ**	[prospaθó]
tradurre (vt)	**μεταφράζω**	[metafrázo]
trovare (vt)	**βρίσκω**	[vrísko]
tuffarsi (vr)	**βουτάω**	[vutáo]

uccidere (vt)	**σκοτώνω**	[skotóno]
udire (percepire suoni)	**ακούω**	[akúo]
vedere (vt)	**βλέπω**	[vlépo]
vendere (vt)	**πουλώ**	[pulʲó]
verificare (ispezionare)	**ελέγχω**	[elénxo]
vietare (vt)	**απαγορεύω**	[apaɣorévo]
volare (vi)	**πετάω**	[petáo]
volere (desiderare)	**θέλω**	[θélʲo]